甲子園スーパースター列伝

オグマナオト・著
『野球太郎』編集部・編

集英社みらい文庫

第1章 甲子園優勝投手列伝

KOSHIEN
SUPER STAR

第5章 甲子園ニュースター列伝

キミは甲子園《こうしえん》スーパースターのアツいドラマを知《し》っているか!?

1915年《ねん》にはじまった高校野球《こうこうやきゅう》の全国大会《ぜんこくたいかい》は、2015年《ねん》の夏《なつ》の甲子園大会《こうしえんたいかい》で"高校野球《こうこうやきゅう》100年《ねん》"のメモリアルイヤーをむかえた。飛《と》びちる汗《あせ》、よろこびの涙《なみだ》にくやし涙《なみだ》。チームメイトとの友情《ゆうじょう》。ライバルとの対決《たいけつ》……。この100年《ねん》で、全国各地《ぜんこくかくち》の大会《たいかい》を勝《か》ちあがった"選《えら》ばれし高校球児《こうこうきゅうじ》たち"が、夢《ゆめ》の舞台《ぶたい》・甲子《こうし》園《えん》で青春《せいしゅん》を燃《も》やし、キラメキをはなってきた。

『甲子園《こうしえん》スーパースター列伝《れつでん》』では、平成《へいせい》にあらわれたスーパースターを紹《しょう》介《かい》。松坂大輔《まつざかだいすけ》、松井裕樹《まついゆうき》、ダルビッシュ有《ゆう》、田中将大《たなかまさひろ》、大谷翔平《おおたにしょうへい》らはもちろん、ニュースターのオコエ瑠偉《るい》、清宮幸太郎《きよみやこうたろう》も登場《とうじょう》！　伝説《でんせつ》のスーパースターたちの名勝負《めいしょうぶ》・名場面《めいばめん》をぞんぶんに楽《たの》しんでほしい。読《よ》み終《お》わったら、100年《ねん》を超《こ》え、新時代《しんじだい》に入《はい》った甲子園大会《こうしえんたいかい》であたらしいスーパースターをさがしてみよう！

第1章

甲子園 優勝投手列伝

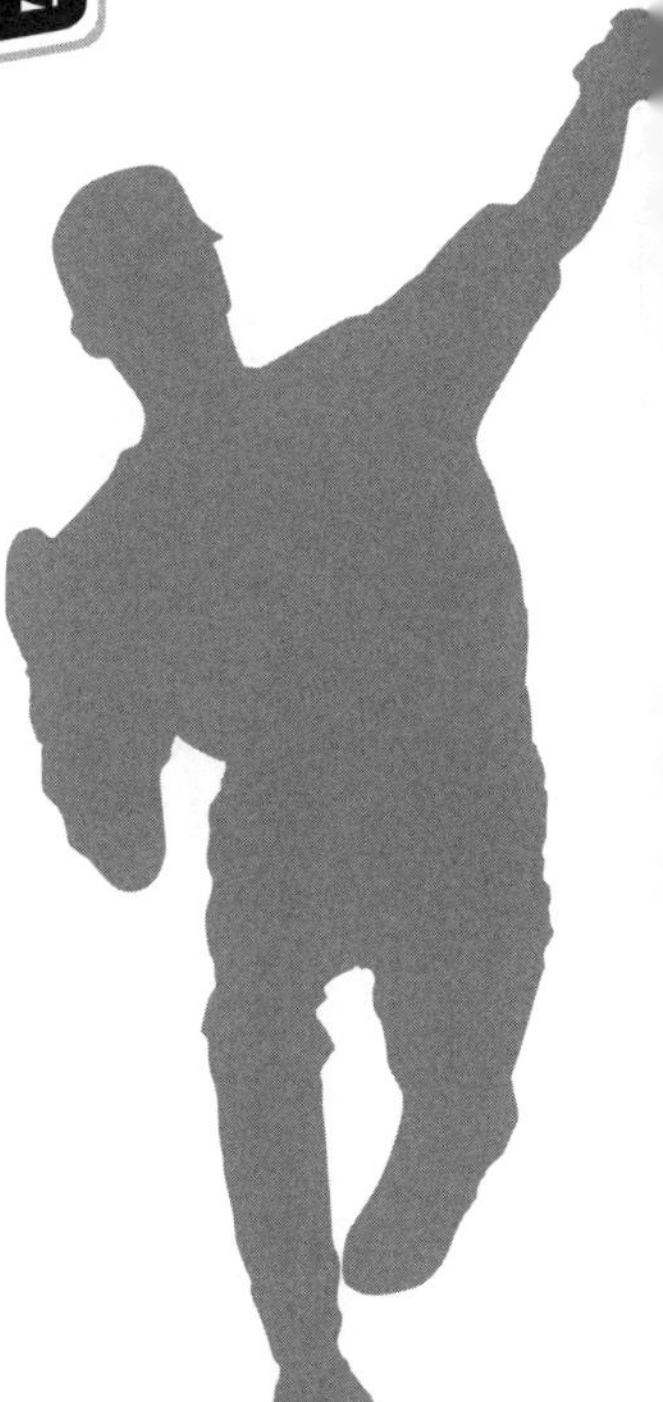

松《まつ》坂《ざか》大《だい》輔《すけ》

横浜高校（神奈川）
1998年春・夏出場
〈現・福岡ソフトバンクホークス〉

ノーヒットノーランで
春夏連覇《はるなつれんぱ》を達成《たっせい》した平成《へいせい》の怪物《かいぶつ》！

「平成《へいせい》の怪物《かいぶつ》」と呼《よ》ばれた男《おとこ》

投手《とうしゅ》なら誰《だれ》もが一度《いちど》はあこがれる記録《きろく》、ノーヒットノーラン。相手打線《あいてだせん》に1本《ぽん》のヒットも与《あた》えずに勝《か》つという、滅多《めった》にできない夢《ゆめ》のピッチングだ。この大記録《だいきろく》を「甲子園大会決勝戦《こうしえんたいかいけっしょうせん》」という夢《ゆめ》の大舞台《おおぶたい》で達成《たっせい》した球児《きゅうじ》がいた。横浜《よこはま》のエース、松坂大輔投手《まつざかだいすけとうしゅ》だ。

背番号《せばんごう》「1」をつけた松坂投手《まつざかとうしゅ》は、150キロを超《こ》えるスピードボールと鋭《するど》く曲《ま》がるスライダーを武器《ぶき》に、日本《にほん》の高校球児《こうこうきゅうじ》で一番《いちばん》かがやく存在《そんざい》になった。ひとは彼《かれ》を「平成《へいせい》の怪《かい》物《ぶつ》」と呼《よ》んだ。

「サボりのマツ」を変《か》えた涙《なみだ》の暴投《ぼうとう》

松坂投手《まつざかとうしゅ》がこの世《よ》に生《う》まれる1ケ月前《げつまえ》の1980年《ねん》8月《がつ》。夏《なつ》の甲子園大会《こうしえんたいかい》にひとりのスター選手《せんしゅ》が登場《とうじょう》した。早稲田実業《わせだじつぎょう》の1年生《ねんせい》エース、荒木大輔投手《あらきだいすけとうしゅ》（元《もと》・ヤクルトほか）だ。決勝戦《けっしょうせん》ではおしくも横浜《よこはま》に敗《やぶ》れ、準優勝《じゅんゆうしょう》。それでも、甲子園《こうしえん》での大活躍《だいかつやく》と、アイドルのような荒木投手《あらきとうしゅ》の笑顔《えがお》が日本中《にほんじゅう》で人気《にんき》となった。そんな甲子園《こうしえん》のスター選手《せんしゅ》にあやかって、松坂投手《まつざかとうしゅ》は「大輔《だいすけ》」と命名《めいめい》された。のちに、甲子園《こうしえん》のスターになるのが宿命《しゅくめい》であるかのように。

16年後《ねんご》の1996年《ねん》、まるで運命《うんめい》に導《みちび》かれるように、松坂投手《まつざかとうしゅ》はかつて荒木投手《あらきとうしゅ》を倒《たお》した横浜《よこはま》に入学《にゅうがく》。ただ、高校《こうこう》に入学《にゅうがく》した当時《とうじ》の松坂投手《まつざかとうしゅ》は、「いい投手《とうしゅ》」ではあったものの、まだ「怪物《かいぶつ》」ではなかった。むしろ練習嫌《れんしゅうぎら》いで有名《ゆうめい》で、「サボりのマツ」という、ありがたくないニックネームをつけられたほど。体型《たいけい》もぽっちゃりで、球《たま》は速《はや》くてもコントロールの悪《わる》い投手《とうしゅ》だった。

そんな松坂投手《まつざかとうしゅ》が変《か》わるキッカケが、2年生《ねんせい》の夏《なつ》にあった。1997年夏《ねんなつ》、甲子園出場《こうしえんしゅつじょう》をめざした神奈川大会《かながわたいかい》の準決勝《じゅんけっしょう》で、自分自身《じぶんじしん》の暴投《ぼうとう》でサヨナラ負《ま》けをしてしまったのだ。先輩《せんぱい》たちの甲子園出場《こうしえんしゅつじょう》を自分《じぶん》のミスで逃《のが》してしまった松坂投手《まつざかとうしゅ》は、マウンド上《じょう》で、そして球場《きゅうじょう》を出《で》てからも泣《な》きつづけた。

「もう、こんなくやしい思《おも》いをしたくない!」「もう、誰《だれ》にも負《ま》けたくない!」

そう決意《けつい》した松坂投手《まつざかとうしゅ》は、その日《ひ》から、チームの誰《だれ》よりも練習《れんしゅう》に打《う》ちこむようになった。嫌《きら》いだったランニングに誰《だれ》よりもはげみ、地味《じみ》で根気《こんき》のいる基礎練習《きそれんしゅう》にも、文句《もんく》をいわずにとりくむようになったのだ。このころから球速《きゅうそく》は一段《いちだん》と速《はや》くなり、変化球《へんかきゅう》の曲《ま》がりかたもより一層《いっそう》大《おお》きくなった松坂投手《まつざかとうしゅ》は、ただの「いい投手《とうしゅ》」から「誰《だれ》もがみとめるエース」になった。「サボりのマツ」は、もうどこにもいなかった。

「このままでは松坂《まつざか》には勝《か》てない」

2年生《ねんせい》の秋以降《あきいこう》、どのチームにも負《ま》けなくなった横浜《よこはま》と松坂投手《まつざかとうしゅ》は、1998年春《ねんはる》、第《だい》70回《かい》センバツ大会《たいかい》に出場《しゅつじょう》。そのさいしょの試合《しあい》で、松坂投手《まつざかとうしゅ》は甲子園球場《こうしえんきゅうじょう》で初《はじ》めて150キロの剛速球《ごうそっきゅう》を投《な》げ、球場《きゅうじょう》のファンをおどろかせた。

順調《じゅんちょう》に勝《か》ちすすんだ横浜《よこはま》がもっとも苦戦《くせん》したのが準決勝《じゅんけっしょう》、PL《ピーエル》学園《がくえん》との試合《しあい》だった。PL《ピーエル》学園《がくえん》が松坂投手相手《まつざかとうしゅあいて》にヒットをかさね、さきに2点《てん》をとったからだ。ただ、横浜《よこはま》は松坂《まつざか》投手《とうしゅ》だけがすごいチームではなかった。小山良男捕手《こやまよしおほしゅ》（元《もと》・中日《ちゅうにち》）、小池正晃選手《こいけまさあきせんしゅ》（元《もと》・DeNA《ディー・エヌ・エー》ほか）、後藤武敏選手《ごとうたけとしせんしゅ》（現《げん》・DeNA《ディー・エヌ・エー》）と、のちにプロ野球《やきゅう》にすすむ才能《さいのう》が集結《しゅうけつ》していた。その強力打線《きょうりょくだせん》でPL《ピーエル》学園《がくえん》のエース・上重聡投手《かみしげさとしとうしゅ》を攻《せ》めたて、終盤《しゅうばん》の8・9回《かい》の攻撃《こうげき》で逆転《ぎゃくてん》！　3対《たい》2と1点差《てんさ》で勝利《しょうり》をおさめたのだ。

決勝戦《けっしょうせん》の相手《あいて》は関大一高《かんだいいちこう》。横浜打線《よこはまだせん》は、のちにプロでも活躍《かつやく》する久保康友投手《くぼやすともとうしゅ》（現《げん》・DeNA《ディー・エヌ・エー》）から13本《ぼん》のヒットを打《う》ち、3点《てん》をもぎとった。対《たい》する松坂投手《まつざかとうしゅ》は関大一高打線《かんだいいちこうだせん》に4本《ほん》のヒットしか許《ゆる》さず、3対《たい》0で横浜《よこはま》がセンバツ優勝《ゆうしょう》を達成《たっせい》した。松坂投手《まつざかとうしゅ》はこの大会《たいかい》、5試合《しあい》すべてで完投勝利《かんとうしょうり》（ひとりで投《な》げきって勝《か》つこと）をおさめ、そのうち3つが完封《かんぷう》（相手打線《あいてだせん》に得点《とくてん》を許《ゆる》さない試合《しあい》）という、圧倒的《あっとうてき》なピッチングをみせた。

決勝戦《けっしょうせん》で敗《やぶ》れた久保投手《くぼとうしゅ》は当時《とうじ》からプロが注目《ちゅうもく》する好投手《こうとうしゅ》だったが、「このままでは彼《かれ》（松坂《まつざか》）には勝《か》てない」と、直接《ちょくせつ》プロにはすすまず、社会人野球《しゃかいじんやきゅう》で腕《うで》をみがくことを選択《せんたく》した。3回戦《かいせん》で横浜《よこはま》と対戦《たいせん》した東福岡《ひがしふくおか》のエースで、プロ野球《やきゅう》でホームラン王《おう》にもなる村田《むらた》修一選手《しゅういちせんしゅ》（現《げん》・巨人《きょじん》）も「彼《かれ》と同《おな》じジャンルでは勝《か》てない」と、高校以降《こうこういこう》は打者《だしゃ》の道《みち》で生《い》きる決断《けつだん》をした。それほど、松坂投手《まつざかとうしゅ》の力《ちから》はずば抜《ぬ》けていたのだ。このころから、松坂投手《まつざかとうしゅ》は「平成《へいせい》の怪物《かいぶつ》」と呼《よ》ばれるようになった。

大舞台《おおぶたい》になるほど力《ちから》を発揮《はっき》する男《おとこ》

「打倒松坂《だとうまつざか》」「横浜《よこはま》に勝《か》つ！」

センバツ大会《たいかい》での横浜優勝《よこはまゆうしょう》、そして、松坂投手《まつざかとうしゅ》の好投《こうとう》を見《み》たことで、この年《とし》の高校球児《こうこうきゅうじ》たちの目標《もくひょう》はひとつになった。松坂投手《まつざかとうしゅ》は全国《ぜんこく》の球児《きゅうじ》のあこがれの存在《そんざい》になり、追《お》われる立場《たちば》となった。春《はる》と夏《なつ》の甲子園《こうしえん》でつづけて優勝《ゆうしょう》する「春夏連覇《はるなつれんぱ》」ができるか？　松坂投手《まつざかとうしゅ》を打《う》てる選手《せんしゅ》、そしてチームはあるのか？　常《つね》にそんな見《み》かたをされるようになった。その「勝《か》ってあたり前《まえ》」という空気《くうき》はプレッシャーになる場合《ばあい》もある。だが、松坂投手《まつざかとうしゅ》はプレッシャーを感《かん》じず、大舞台《おおぶたい》になるほど力《ちから》を発揮《はっき》する性格《せいかく》だった。

第《だい》80回夏《かいなつ》の甲子園大会《こうしえんたいかい》。1回戦《かいせん》を危《あぶ》なげなく勝利《しょうり》した横浜《よこはま》の2回戦《かいせん》の相手《あいて》は、のちにプロ野球《やきゅう》でも活躍《かつやく》する好投手《こうとうしゅ》・杉内俊哉《すぎうちとしや》（現《げん》・巨人《きょじん》）選手《せんしゅ》のいる鹿児島実業《かごしまじつぎょう》だった。しかも、杉内投手《すぎうちとうしゅ》は甲子園《こうしえん》1回戦《かいせん》でノーヒットノーランを達成《たっせい》。松坂対杉内《まつざかたいすぎうち》というスーパーエース同士《どうし》の投《な》げあいに大《おお》きな注目《ちゅうもく》が集《あつ》まった。だが、終《お》わってみれば6対《たい》0で横浜《よこはま》が完勝《かんしょう》。松《ま》坂投手《ざかとうしゅ》は完封《かんぷう》するだけでなく、杉内投手《すぎうちとうしゅ》からホームランを打《う》ち、格《かく》のちがいを見《み》せつける形《かたち》となった。

つぎの3回戦《かいせん》も松坂投手《まつざかとうしゅ》の完封勝利《かんぷうしょうり》で準々決勝《じゅんじゅんけっしょう》に進出《しんしゅつ》した横浜《よこはま》。その準々決勝《じゅんじゅんけっしょう》の相手《あいて》は、春《はる》のセンバツでも対戦《たいせん》した宿敵《しゅくてき》、ＰＬ学園《ピーエルがくえん》だった。

ひとりで250球《きゅう》！　横浜対《よこはまたい》PL《ピーエル》、延長《えんちょう》17回《かい》の死闘《しとう》

横浜《よこはま》対《たい》PL《ピーエル》学園《がくえん》の準々決勝《じゅんじゅんけっしょう》は、文字《もじ》通《どお》り「死闘《しとう》」となった。先制《せんせい》したのはセンバツ大会《たいかい》と同《おな》じく、またしてもPL《ピーエル》学園《がくえん》。2回《かい》に一挙《いっきょ》3点《てん》をうばい、試合《しあい》の流《なが》れをリードした。松《まつ》坂《ざか》投手《とうしゅ》が1イニングに2点以上《てんいじょう》とられたのは、この大会《たいかい》では初《はじ》めてのことだった。

　そのあとも、いまひとつ調子《ちょうし》に乗《の》りきれない松坂《まつざか》投手《とうしゅ》から計《けい》5点《てん》をとったPL《ピーエル》学園《がくえん》。横《よこ》浜《はま》も食《く》らいつき、8回《かい》までになんとか同点《どうてん》に追《お》いついて、試合《しあい》は5対《たい》5で延長戦《えんちょうせん》に突入《とつにゅう》した。

　延長戦《えんちょうせん》からは横浜《よこはま》のペースで試合《しあい》が進《すす》んだ。延長《えんちょう》11回《かい》、延長《えんちょう》16回《かい》と横浜《よこはま》がさきに得点《とくてん》をあげたが、その裏《うら》の攻撃《こうげき》でPL《ピーエル》学園《がくえん》もすぐに点《てん》をうばいかえし、試合《しあい》はなかなか終《お》わらない。PL《ピーエル》学園《がくえん》のエース、上重《かみしげ》投手《とうしゅ》も必死《ひっし》で横浜《よこはま》打線《だせん》をおさえていた。それでも、延長《えんちょう》17回《かい》表《おもて》に横浜《よこはま》が2点《てん》を勝《か》ち越《こ》すと、その裏《うら》の守《まも》りを松坂《まつざか》投手《とうしゅ》が三者凡退《さんしゃぼんたい》にしとめ、3時間《じかん》37分《ふん》もかかった死闘《しとう》は、9対《たい》7で横浜《よこはま》が勝利《しょうり》した。

　延長《えんちょう》17回《かい》をひとりで投《な》げきった松坂《まつざか》投手《とうしゅ》。宿敵《しゅくてき》を倒《たお》すために投《な》げた球数《たまかず》は、通常《つうじょう》の試合《しあい》

の倍近《ばいちか》い、250球《きゅう》にも及《およ》んだ。

甲子園球場《こうしえんきゅうじょう》に「マツザカ」コール

PL《ピーエル》学園《がくえん》との死闘《しとう》の翌日《よくじつ》、準決勝《じゅんけっしょう》の明徳義塾戦《めいとくぎじゅくせん》で、松坂投手《まつざかとうしゅ》の姿《すがた》はマウンドにはなかった。右腕《みぎうで》をテーピングでぐるぐるまきにするという痛々《いたいた》しい姿《すがた》でレフトの守備位置《しゅびいち》についていた。前日《ぜんじつ》の試合後《しあいご》、松坂投手自身《まつざかとうしゅじしん》が「明日《あした》は投《な》げません」と宣言《せんげん》し、横浜《よこはま》の渡辺元智《わたなべもとのり》監督《かんとく》も「松坂《まつざか》は準決勝《じゅんけっしょう》では使《つか》わない」ときめていた。

試合《しあい》は一方的《いっぽうてき》な明徳義塾《めいとくぎじゅく》のペースで進《すす》んだ。8回表終了時点《かいおもてしゅうりょうじてん》で0対《たい》6。のちにプロにすすむ寺本四郎投手《てらもとしろうとうしゅ》（元《もと》・ロッテ）から、横浜打線《よこはまだせん》はわずか3安打《あんだ》しか打《う》てなかった。

「おまえら勝《か》つ気《き》はあるのか？」

8回裏《かいうら》、渡辺監督《わたなべかんとく》からのかけ声《ごえ》でようやく目《め》がさめた横浜《よこはま》は一挙《いっきょ》に4得点《とくてん》をあげ、4対《たい》6と2点差《てんさ》に。そしてここで、松坂投手《まつざかとうしゅ》がおどろきの行動《こうどう》をとった。右腕《みぎうで》のテーピングを自分《じぶん》ではがし、ベンチの前《まえ》で投球練習《とうきゅうれんしゅう》をはじめたのだ。まさか松坂《まつざか》が投《な》げるのか？　昨日《きのう》、250球《きゅう》も投《な》げているのに!?　その興奮《こうふん》は、やがて「マツザカ」コールへと変《か》わった。

9回表《かいおもて》、甲子園球場《こうしえんきゅうじょう》に「マツザカコール」がわきあがる中《なか》、マウンドにたった松坂投手《まつざかとうしゅ》。その期待《きたい》に応《こた》えて相手打線《あいてだせん》を3者凡退《しゃぼんたい》に打《う》ちとると、球場《きゅうじょう》の雰囲気《ふんいき》は横浜《よこはま》ムード一色《いっしょく》に。そして9回裏《かいうら》、いきおいにのった横浜《よこはま》は3点《てん》をうばい、7対《たい》6で劇的《げきてき》なサヨナラ勝《が》ち。松坂投手《まつざかとうしゅ》の気迫《きはく》が球場《きゅうじょう》の空気《くうき》を変《か》え、横浜《よこはま》に逆転勝利《ぎゃくてんしょうり》を呼《よ》びこんだのだ。

PL《ピーエル》学園《がくえん》との延長《えんちょう》17回《かい》の死闘《しとう》。そして準決勝《じゅんけっしょう》での奇跡《きせき》の逆転勝利《ぎゃくてんしょうり》。もうこれ以上《いじょう》のドラマは生《う》まれないだろう……。そう誰《だれ》もが思《おも》った翌日《よくじつ》の決勝《けっしょう》・京都成章戦《きょうとせいしょうせん》。松坂投手《まつざかとうしゅ》は、誰《だれ》も予想《よそう》できないことをやってのけた。それが「決勝戦《けっしょうせん》でのノーヒットノーラン達成《たっせい》」という大記録《だいきろく》だ。9回表《かいおもて》、さいごの打者《だしゃ》に投《な》げたのはアウトコース低《ひく》めのスライダー。この大会《たいかい》、782球目《きゅうめ》の球《たま》で三振《さんしん》をうばうと、松坂投手《まつざかとうしゅ》は両手《りょうて》でガッツポーズをした。史上《しじょう》5校目《こうめ》となる春夏連覇達成《はるなつれんぱたっせい》の瞬間《しゅんかん》だった。

「横浜《よこはま》のエース」から「日本《にほん》のエース」へ

夏《なつ》の甲子園《こうしえん》で優勝《ゆうしょう》したあと、横浜《よこはま》は秋《あき》の国体《こくたい》でも決勝戦《けっしょうせん》で京都成章《きょうとせいしょう》に勝《か》って優勝《ゆうしょう》。春《はる》のセンバツ、夏《なつ》の甲子園《こうしえん》、秋《あき》の国体《こくたい》（単独優勝《たんどくゆうしょう》）の「全国大会《ぜんこくたいかい》3冠達成《かんたっせい》」は史上初《しじょうはつ》の快挙《かいきょ》だった。2年夏《ねんなつ》の神奈川大会準決勝《かながわたいかいじゅんけっしょう》で敗《やぶ》れ、松坂投手《まつざかとうしゅ》が「**もう負《ま》けたくない**」と誓《ちか》ってから、横浜《よこはま》は公式戦《こうしきせん》44連勝《れんしょう》。本当《ほんとう》に負《ま》けなかったのだ。松坂投手《まつざかとうしゅ》が3つの全国大会《ぜんこくたいかい》であげた年間《ねんかん》13勝《しょう》という記録《きろく》は、高校野球《こうこうやきゅう》の歴史《れきし》における年間最多勝《ねんかんさいたしょう》だ。

卒業後《そつぎょうご》、松坂投手《まつざかとうしゅ》はプロ野球《やきゅう》、西武《せいぶ》ライオンズに入団《にゅうだん》。1年目《ねんめ》から3年連続《ねんれんぞく》で最多勝《さいたしょう》のタイトルを獲得《かくとく》し、世間《せけん》をまたまたおどろかせた。2007年《ねん》からはアメリカ・メジャーリーグでもプレー。また、日本代表《にほんだいひょう》でも活躍《かつやく》し、野球《やきゅう》の世界一《せかいいち》をきめるワールド・ベースボール・クラシックでは第《だい》1回大会《かいたいかい》、第《だい》2回大会《かいたいかい》で一番活躍《ばんかつやく》した選手《せんしゅ》におくられるMVP《エムブイピー》を獲得《かくとく》。高校時代同様《こうこうじだいどうよう》、大舞台《おおぶたい》での強《つよ》さを発揮《はっき》した。

こうして「横浜《よこはま》のエース・松坂大輔《まつざかだいすけ》」は、「日本《にほん》のエース・松坂大輔《まつざかだいすけ》」となったのだ。

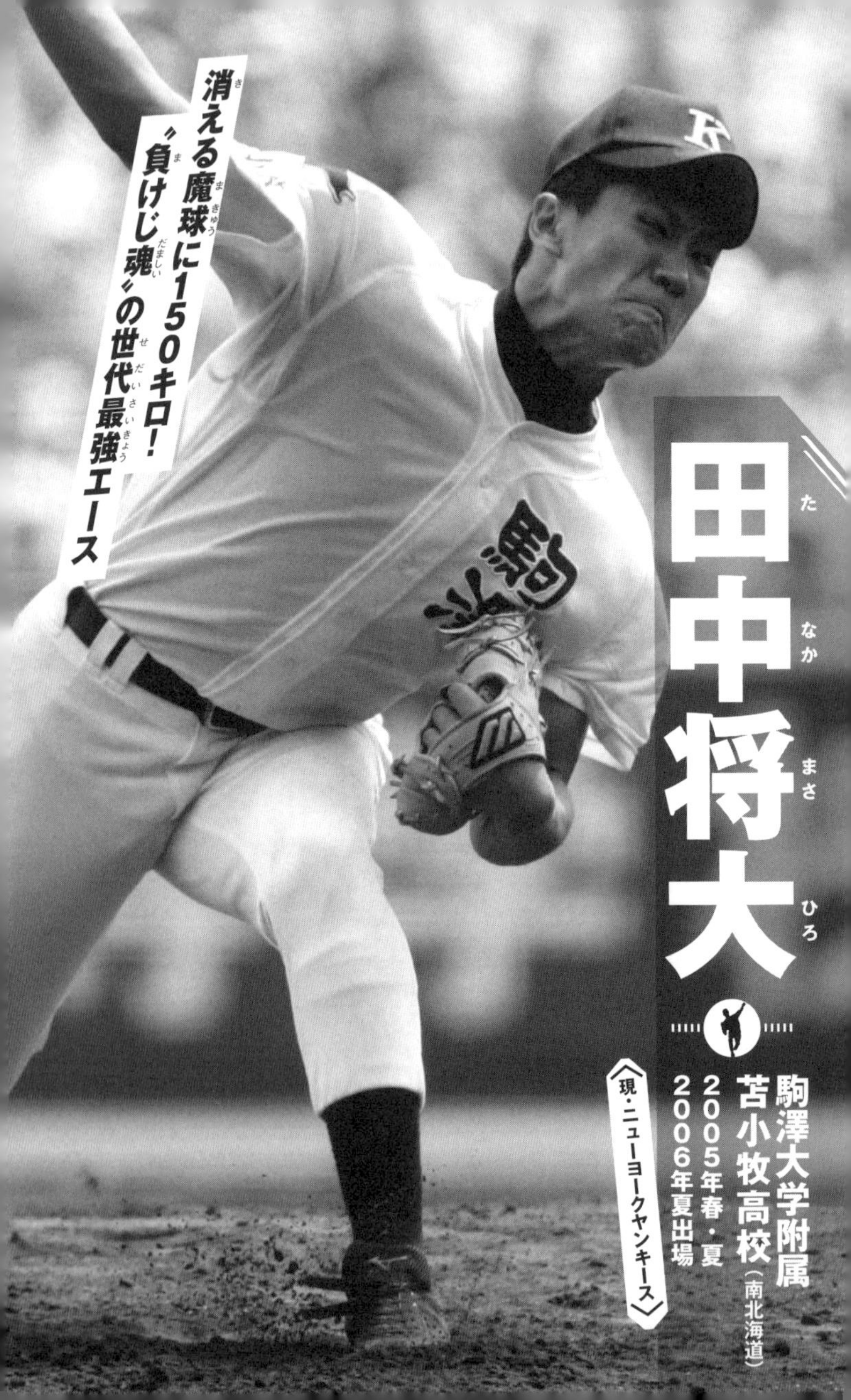

田《た》中《なか》将《まさ》大《ひろ》

駒澤大学附属
苫小牧高校（南北海道）
2005年春・夏
2006年夏出場

〈現・ニューヨークヤンキース〉

消《き》える魔《ま》球《きゅう》に150キロ！
〝負《ま》けじ魂《だましい》〟の世《せ》代《だい》最《さい》強《きょう》エース

負《ま》けない男《おとこ》、田中将大《たなかまさひろ》の出発点《しゅっぱつてん》

雪国《ゆきぐに》の高校《こうこう》は甲子園《こうしえん》では勝《か》てない……。高校野球《こうこうやきゅう》におけるそんな「定説《ていせつ》」を打《う》ちやぶったのが南北海道代表《みなみほっかいどうだいひょう》の駒大苫小牧《こまだいとまこまい》だ。2004年《ねん》、第《だい》86回夏《かいなつ》の甲子園大会《こうしえんたいかい》で初優勝《はつゆうしょう》を達成《たっせい》。関東《かんとう》より北《きた》にある高校《こうこう》が優勝《ゆうしょう》したのは、春《はる》、夏《なつ》の大会《たいかい》を通《つう》じて初《はじ》めての偉業《いぎょう》だった。

そしてこの快挙達成《かいきょたっせい》の瞬間《しゅんかん》を甲子園球場《こうしえんきゅうじょう》の応援席《おうえんせき》（アルプススタンド）で目撃《もくげき》したのが、当時《とうじ》まだ駒大苫小牧《こまだいとまこまい》の1年生《ねんせい》だった田中将大投手《たなかまさひろとうしゅ》だ。

「自分《じぶん》たちの代《だい》でも、ぜったいに勝《か》ってやる」

そうこころに誓《ちか》った田中投手《たなかとうしゅ》は、翌年《よくねん》も、そのさらに翌年《よくねん》も甲子園《こうしえん》の決勝戦《けっしょうせん》でマウンドの上《うえ》にいた。負《ま》けない男《おとこ》、田中将大伝説《たなかまさひろでんせつ》はこうしてはじまった。

ボーイズリーグで身《み》につけた「野球《やきゅう》を考《かんが》える力《ちから》」

高校時代《こうこうじだい》には「**世代最強《せだいさいきょう》エース**」と呼《よ》ばれるほど、同級生《どうきゅうせい》の中《なか》ではつき抜《ぬ》けた存在《そんざい》だった田中投手《たなかとうしゅ》。だが、意外《いがい》にも中学《ちゅうがく》までのポジションは「捕手《ほしゅ》」だった。小学生時代《しょうがくせいじだい》には、のちにプロ野球《やきゅう》でも活躍《かつやく》する坂本勇人《さかもとはやと》選手《せんしゅ》（現《げん》・巨人《きょじん》）と同《おな》じチームに所属《しょぞく》し、坂本選手《さかもとせんしゅ》が投手《とうしゅ》、田中選手《たなかせんしゅ》が捕手《ほしゅ》、というバッテリー（投手《とうしゅ》と捕手《ほしゅ》との組合《くみあわ》せ）だった。

中学生《ちゅうがくせい》になり、ボーイズリーグに所属《しょぞく》してからマウンドにもたつようになったが、試合《しあい》には「4番《ばん》・捕手《ほしゅ》」で出場《しゅつじょう》することがほとんど。だが、この経験《けいけん》によって田中選手《たなかせんしゅ》のある能力《のうりょく》が進歩《しんぽ》した。それが「野球《やきゅう》を考《かんが》える力《ちから》」「試合《しあい》を読《よ》む力《ちから》」だ。

当時《とうじ》、田中選手《たなかせんしゅ》が所属《しょぞく》していた兵庫県《ひょうごけん》の「宝塚《たからづか》ボーイズ」を指導《しどう》していたのは、あのイチロー選手《せんしゅ》（現《げん》・マーリンズ）の練習《れんしゅう》パートナーだったこともある奥村幸治《おくむらこうじ》監督《かんとく》だった。プロの一流《いちりゅう》レベルを知《し》る奥村監督《おくむらかんとく》の指導《しどう》で、野球《やきゅう》の技術《ぎじゅつ》はもちろんのこと、練習《れんしゅう》へのとりくみかた、試合中《しあいちゅう》のさまざまな状況《じょうきょう》にあわせた判断《はんだん》のしかたなど、頭《あたま》の部分《ぶぶん》を徹底《てってい》してきたえられた田中選手《たなかせんしゅ》。バッターはどんな球《たま》を待《ま》っているのか？　この点差《てんさ》なら相手《あいて》はどう攻《せ》めてくるのか？　投手《とうしゅ》と捕手《ほしゅ》の両面《りょうめん》から、野球《やきゅう》の流《なが》れを読《よ》む力《ちから》を身《み》につけたのだ。

「俺《おれ》だって負《ま》けてない！」

投手兼捕手《とうしゅけんほしゅ》としてプレーしたボーイズリーグ時代《じだい》。だが、全国《ぜんこく》の舞台《ぶたい》には一度《いちど》もたつことはできなかった。中学《ちゅうがく》2年生夏《ねんせいなつ》の兵庫県支部予選決勝戦《ひょうごけんしぶよせんけっしょうせん》では、最終回《さいしゅうかい》2アウト満塁《まんるい》という逆転《ぎゃくてん》のチャンスで打席《だせき》には田中選手《たなかせんしゅ》。だが、中途半端《ちゅうとはんぱ》なスイングをしてしまい、ライトフライでゲームセット。フルスイングできなかった情《なさ》けなさと、先輩《せんぱい》たちへの申《もう》し訳《わけ》なさで、「もう負《ま》けたくない！」という気持《きも》ちが一段《いちだん》と高《たか》まったという。

また、当時《とうじ》の関西《かんさい》ボーイズリーグの同級生《どうきゅうせい》には、のちにプロでもエースとして活躍《かつやく》する前田健太投手《まえだけんたとうしゅ》（現《げん》・ドジャース）がいた。その前田投手《まえだとうしゅ》が出場《しゅつじょう》した全国大会《ぜんこくたいかい》で、田中選手《たなかせんしゅ》は試合運営《しあいうんえい》の補助係《ほじょがかり》（ボールボーイ）をしなければならなかった。この苦《にが》い経験《けいけん》を味《あじ》わったことで、**「俺《おれ》だって負《ま》けてない！」**という「負《ま》けじ魂《だましい》」に火《ひ》がついたのだ。

その「負《ま》けじ魂《だましい》」を高校野球《こうこうやきゅう》の舞台《ぶたい》でぶつけたいと選《えら》んだ進学《しんがく》さきが、北海道《ほっかいどう》の駒大《こまだい》苫小牧《とまこまい》だった。駒大苫小牧《こまだいとまこまい》もまた、「北海道《ほっかいどう》は雪《ゆき》で練習《れんしゅう》できないから弱《よわ》い」といわれつづけた状況《じょうきょう》に、「なにくそ」という反骨心《はんこつしん》をバネに力《ちから》をつけてきたチームだった。とくに、雪《ゆき》の上《うえ》で守備練習《しゅびれんしゅう》をする「雪上《せつじょう》ノック」など、「考《かんが》える野球《やきゅう》」をモットーとしていたことも、田中選手《たなかせんしゅ》の価値観《かちかん》にピッタリだった。

背番号《せばんごう》「2」の投手《とうしゅ》デビュー

1年夏《ねんなつ》の大会《たいかい》は「応援席《おうえんせき》」で先輩《せんぱい》たちの全国制覇《ぜんこくせいは》を見守《みまも》った田中選手《たなかせんしゅ》。秋《あき》の新《しん》チームになるとすぐに主力組《しゅりょくぐみ》に選《えら》ばれ、背番号《せばんごう》「2」をつけて試合《しあい》にでるようになった。つまり、高校《こうこう》でもまずは捕手《ほしゅ》としてのスタートだった。

だが、すぐに投手《とうしゅ》としての出番《でばん》がまわってきた。2004年《ねん》11月《がつ》、全国《ぜんこく》10地区《ちく》の代表校《だいひょうこう》が集《あつ》まる明治神宮野球大会《めいじじんぐうやきゅうたいかい》の準々決勝《じゅんじゅんけっしょう》で、背番号《せばんごう》「2」をつけた田中選手《たなかせんしゅ》が先発《せんぱつ》のマウンドにたった。これが、田中《たなか》〝投手《とうしゅ》〟としての全国《ぜんこく》デビューだった。試合《しあい》には敗《やぶ》れたものの、田中投手《たなかとうしゅ》の投《な》げたカーブやスライダーは、控《ひか》え捕手《ほしゅ》では捕《と》れないほどの鋭《するど》い曲《ま》がりかたをした。そしてこの日以来《ひいらい》、田中選手《たなかせんしゅ》の「本職《ほんしょく》」は捕手《ほしゅ》ではなく、投手《とうしゅ》になった。

翌《よく》2005年春《ねんはる》、第《だい》77回《かい》センバツ大会《たいかい》に出場《しゅつじょう》したチームの中《なか》で、田中投手《たなかとうしゅ》の背番号《せばんごう》は「10」に変《か》わっていた。エース番号《ばんごう》「1」は上級生《じょうきゅうせい》にゆずっただけで、実質的《じっしつてき》なエースは田中投手《たなかとうしゅ》だった。その証拠《しょうこ》に、1回戦《かいせん》は田中投手《たなかとうしゅ》が先発《せんぱつ》して完投勝利《かんとうしょうり》。2回戦《かいせん》はリリーフにまわり、6回《かい》から9回《かい》まで1本《ぽん》のヒットも許《ゆる》さない「パーフェクトリリーフ」。試合《しあい》は先発投手《せんぱつとうしゅ》が許《ゆる》した4失点《しってん》がひびいてチームは敗退《はいたい》してしまったが、全国《ぜんこく》の野球《やきゅう》ファンの間《あいだ》で「北海道《ほっかいどう》に田中将大《たなかまさひろ》あり」と知《し》られる存在《そんざい》になった。

「消《き》える魔球《まきゅう》」と「150キロ」でつかんだ優勝《ゆうしょう》

センバツ大会《たいかい》から5ヶ月後《げつご》、「駒大苫小牧《こまだいとまこまい》、夏《なつ》の連続優勝《れんぞくゆうしょう》なるか!?」に注目《ちゅうもく》が集《あつ》まった第《だい》87回夏《かいなつ》の甲子園大会《こうしえんたいかい》。田中投手《たなかとうしゅ》は先発《せんぱつ》で、リリーフで、チームが必要《ひつよう》なときにマウンドに登《のぼ》った。とくに、相手《あいて》バッターをおどろかせたのが「消《き》える魔球《まきゅう》」と呼《よ》ばれたスライダーだ。空《から》ぶりしたボールが、そのまま左《ひだり》バッターの足《あし》にあたったこともあった。それだけ、ストライクゾーンからボールゾーンに鋭《するど》く曲《ま》がっていたことの証明《しょうめい》といえた。

とくにすごかったのは、京都外大西《きょうとがいだいにし》との決勝戦《けっしょうせん》。5回途中《かいとちゅう》からリリーフ登板《とうばん》した田中投手《たなかとうしゅ》は1球投《きゅうな》げるごとに調子《ちょうし》をあげ、5対《たい》3とリードして9回《かい》のマウンドへ。そして3人《にん》の打者《だしゃ》からすべて三振《さんしん》を記録《きろく》し、駒大苫小牧《こまだいとまこまい》は大会《たいかい》2連覇《れんぱ》を達成《たっせい》したのだ。優勝《ゆうしょう》をきめたさいごの球《たま》は150キロのストレート。人生初《じんせいはつ》の「150キロ」を電光掲示板《でんこうけいじばん》で確認《かくにん》し、田中投手《なかとうしゅ》は大《おお》きくガッツポーズした。ここに、**「世代最強《せだいさいきょう》エース・田中将大《たなかまさひろ》」**が誕生《たんじょう》したのだ。

田中投手《たなかとうしゅ》をおそったさまざまな試練《しれん》

２年生《ねんせい》にして、高校《こうこう》Ｎｏ．《ナンバー》１《ワン》投手《とうしゅ》、と呼《よ》ばれるようになった田中投手《たなかとうしゅ》。背番号《せばんごう》も「１」になり、名実《めいじつ》ともにエースとして最終学年《さいしゅうがくねん》をむかえた。だが、ここから、田中投手《たなかとうしゅ》にとってはまさかの試練《しれん》ばかりがつづいた。

２００６年春《ねんはる》、第《だい》78回《かい》センバツ大会《たいかい》でも優勝候補《ゆうしょうこうほ》といわれていた駒大苫小牧《こまだいとまこまい》。ところが、大会直前《たいかいちょくぜん》に野球部員《やきゅうぶいん》の不祥事《ふしょうじ》（規則《きそく》をやぶること）が見《み》つかり、責任《せきにん》を感《かん》じた学校《がっこう》はセンバツ出場《しゅつじょう》を辞退《じたい》。田中投手《たなかとうしゅ》は高校《こうこう》Ｎｏ．《ナンバー》１《ワン》の実力《じつりょく》を披露《ひろう》する場《ば》を失《うしな》ってしまった。

試合《しあい》の機会《きかい》を失《うしな》った一方《いっぽう》で、全国《ぜんこく》の強豪校《きょうごうこう》はピッチングマシンの設定《せってい》を１５０キロのストレート、１３０キロ後半《こうはん》のスライダーにあわせ、「打倒田中《だとうたなか》」に燃《も》えている、という情《じょう》報《ほう》ばかりが入《はい》ってきた。負《ま》けん気《き》の強《つよ》い田中投手《たなかとうしゅ》は、「それなら、もっと速《はや》い球《たま》を投《な》げてやろう。もっと曲《ま》げてやろう」と考《かんが》えてしまい、そのあせりからフォームを崩《くず》してしまう。球速《きゅうそく》はなかなか１５０キロがでず、誰《だれ》もが空《から》ぶりしていた「消《き》える魔球《まきゅう》」スライダーも、バットにあてられるようになってしまった。

それでも、南北海道大会《みなみほっかいどうたいかい》を勝《か》ち抜《ぬ》いた田中投手《たなかとうしゅ》は、第《だい》88回夏《かいなつ》の甲子園大会《こうしえんたいかい》に出場《しゅつじょう》。駒大《こまだい》苫小牧《とまこまい》にとっては、史上《しじょう》2校目《こうめ》となる「夏《なつ》3連覇《れんぱ》」の偉業《いぎょう》をかけた戦《たたか》いだった。

ところが、またしても田中投手《たなかとうしゅ》を試練《しれん》がおそった。甲子園入《こうしえんい》りしてからウイルス性胃腸《せいいちょう》炎《えん》にかかってしまったのだ。体温《たいおん》は38度《ど》を超《こ》え、異常《いじょう》なほどにでる汗《あせ》はとまらなかった。

初戦《しょせん》は14個《こ》の三振《さんしん》を記録《きろく》する一方《いっぽう》で、6つの四死球《ししきゅう》。コントロールがいいことで知《し》られる田中投手《たなかとうしゅ》としてはありえない成績《せいせき》だった。つぎの試合《しあい》ではリリーフで登板《とうばん》したものの、調子《ちょうし》はいまひとつ。一時《いちじ》は6点《てん》のリードを許《ゆる》した。それでも、「ここだけはぜったいに打《う》たれちゃダメだ！」という勝負《しょうぶ》どころを理解《りかい》し、ギアチェンジができるのが田中投手《たなかとうしゅ》の強《つよ》み。9回表《かいおもて》のピンチを最少失点《さいしょうしってん》におさえて流《なが》れを呼《よ》び、その裏《うら》の逆転《ぎゃくてん》サヨナラ勝《が》ちにつなげた。

つづく準々決勝《じゅんじゅんけっしょう》、そして準決勝《じゅんけっしょう》も、試合《しあい》の流《なが》れを的確《てきかく》に読《よ》み、得点《とくてん》は許《ゆる》してもポイントポイントをおさえた田中投手《たなかとうしゅ》。こうして、駒大苫小牧《こまだいとまこまい》は3年連続《ねんれんぞく》で決勝戦《けっしょうせん》に進出《しんしゅつ》した。

37年《ねん》ぶりの「決勝戦《けっしょうせん》引《ひ》き分《わ》け再試合《さいしあい》」

決勝《けっしょう》の相手《あいて》は東京《とうきょう》の名門校《めいもんこう》、早稲田実業《わせだじつぎょう》。「ハンカチ王子《おうじ》」と呼《よ》ばれて人気者《にんきもの》になっていた斎藤佑樹投手《さいとうゆうきとうしゅ》（現《げん》・日本《にっぽん》ハム）がエースだった。試合《しあい》はその斎藤投手《さいとうとうしゅ》と、3回《かい》からリリーフ登板《とうばん》した田中投手《たなかとうしゅ》の投《な》げあいとなり、1対《たい》1で延長戦《えんちょうせん》に突入《とつにゅう》した。

駒大苫小牧《こまだいとまこまい》にとって最大《さいだい》のピンチは延長《えんちょう》13回裏《かいうら》。2アウト満塁《まんるい》という絶体絶命《ぜったいぜつめい》の場面《ばめん》。田中投手《たなかとうしゅ》は自慢《じまん》のスライダーでセカンドゴロに打《う》ちとってピンチをきり抜《ぬ》けた。試合《しあい》は、両《りょう》チーム1対《たい》1のまま延長《えんちょう》15回《かい》まで戦《たたか》っても決着《けっちゃく》がつかず、大会規定《たいかいきてい》により引《ひ》き分《わ》け。勝《しょう》負《ぶ》の行方《ゆくえ》は翌日《よくじつ》の再試合《さいしあい》へと持《も》ちこされた。決勝戦《けっしょうせん》の再試合《さいしあい》は37年《ねん》ぶりのことだった。

ただ、リリーフ登板《とうばん》とはいえ165球《きゅう》を投《な》げた田中投手《たなかとうしゅ》。もともとの体調不良《たいちょうふりょう》とフォームの乱《みだ》れもかさなって、心身《しんしん》ともに万全《ばんぜん》の状態《じょうたい》にはほど遠《とお》かった。再試合《さいしあい》では1回途中《かいとちゅう》、1点《てん》を失《うしな》ってからのリリーフ登板《とうばん》となった田中投手《たなかとうしゅ》は、2回《かい》、6回《かい》、7回《かい》にそれぞれ1点《てん》ずつ失点《しってん》。1対《たい》4と3点《てん》のリードを許《ゆる》し、9回表《かいおもて》、さいごの攻撃《こうげき》をむかえた。

それでも、追《お》いこまれてから強《つよ》いのが王者《おうじゃ》の証《あかし》。この場面《ばめん》でツーランホームランが飛《と》びだし、3対《たい》4と1点差《てんさ》。そして2アウトになったあと、田中投手《たなかとうしゅ》に打席《だせき》が回《まわ》ってきた。ホームランが出《で》れば同点《どうてん》……。誰《だれ》もが期待《きたい》する中《なか》、田中投手《たなかとうしゅ》はフルスイング。だが、ボールはバットにかすりもしなかった。こうして、駒大苫小牧《こまだいとまこまい》の大会《たいかい》3連覇《れんぱ》は夢《ゆめ》に終《お》わった。

「フルスイングができたので、後悔《こうかい》はありません」

試合後《しあいご》、すがすがしい表情《ひょうじょう》でそう語《かた》った田中投手《たなかとうしゅ》。けっきょく、この試合《しあい》の黒星《くろぼし》は先発《せんぱつ》投手《とうしゅ》につき、さいごまで田中投手《たなかとうしゅ》は「負《ま》け投手《とうしゅ》」にはならなかった。甲子園通算成績《こうしえんつうさんせいせき》は春《はる》夏《なつ》12試合《しあい》の登板《とうばん》で8勝無敗《しょうむはい》。なにより、どんなに体調《たいちょう》を崩《くず》し、フォームを崩《くず》してもあきらめず、決勝戦《けっしょうせん》にまでチームを導《みちび》く姿《すがた》は「真《しん》のエース」といえた。

高校卒業後《こうこうそつぎょうご》、田中投手《たなかとうしゅ》はプロ野球《やきゅう》・楽天《らくてん》に入団《にゅうだん》。1年目《ねんめ》から2桁勝利《けたしょうり》の活躍《かつやく》を見《み》せた。そして、2013年《ねん》には24勝無敗《しょうむはい》というとんでもない大記録《だいきろく》で、チームを日本一《にほんいち》に導《みちび》いた。高校野球《こうこうやきゅう》だけでなくプロの世界《せかい》でも、田中投手《たなかとうしゅ》は「負《ま》けない男《おとこ》」になったのだ。

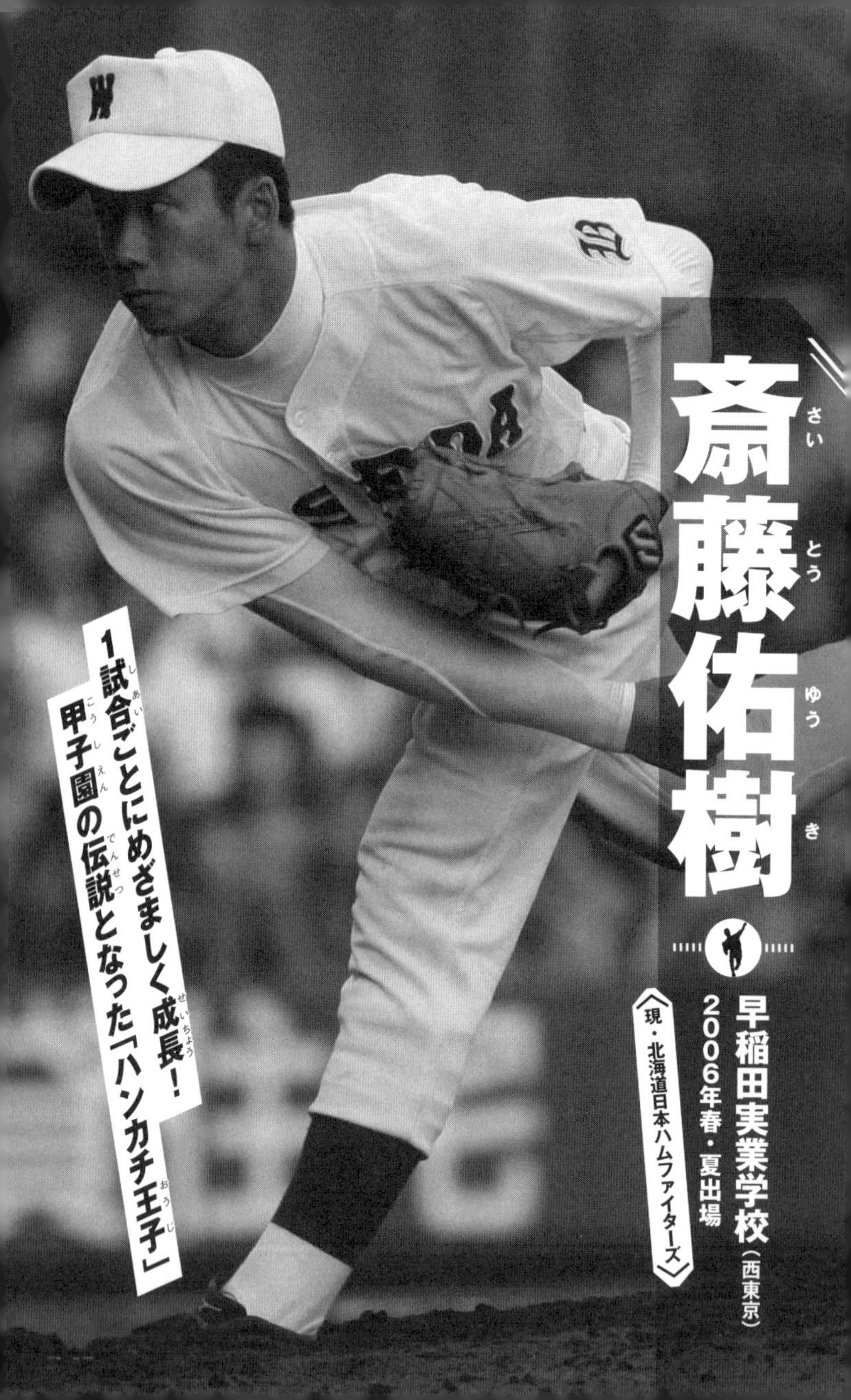

斎《さい》藤《とう》佑《ゆう》樹《き》

早稲田実業学校（西東京）
2006年春・夏出場
〈現・北海道日本ハムファイターズ〉

1試合《しあい》ごとにめざましく成長《せいちょう》！
甲子園《こうしえん》の伝説《でんせつ》となった「ハンカチ王子《おうじ》」

「ハンカチ王子《おうじ》」斎藤佑樹投手《さいとうゆうきとうしゅ》

「甲子園《こうしえん》ほど、選手《せんしゅ》を大《おお》きく成長《せいちょう》させる場《ば》はない」

高校野球《こうこうやきゅう》では、こんな言葉《ことば》が使《つか》われることがある。どんなにたいへんな練習《れんしゅう》や特訓《とっくん》よりも、甲子園大会《こうしえんたいかい》に出場《しゅつじょう》してたくさんの観客《かんきゃく》の前《まえ》でプレーをすることで、階段《かいだん》をいくつも飛《と》びこえ、つぎのステップにたどりついてしまうことがあるのだ。

その代表選手《だいひょうせんしゅ》が、２００６年夏《ねんなつ》の大会《たいかい》で優勝《ゆうしょう》した早稲田実業《わせだじつぎょう》のエース、斎藤佑樹投手《さいとうゆうきとうしゅ》だ。甲子園大会《こうしえんたいかい》がはじまる前《まえ》、早稲田実業《わせだじつぎょう》の優勝《ゆうしょう》を予想《よそう》するひとはほとんどいなかった。しかし、1試合《しあい》1試合《しあい》、いや、1球《きゅう》1球投《きゅうな》げるたびに成長《せいちょう》した斎藤投手《さいとうとうしゅ》は、その夏《なつ》、日本《にほん》で一番《ばん》すごい投手《とうしゅ》になった。斎藤投手《さいとうとうしゅ》は「ハンカチ王子《おうじ》」のニックネームで人気《にんき》を集《あつ》め、日《に》本中《ほんじゅう》で「ハンカチフィーバー」がまきおこった。

クールなハンカチ王子《おうじ》の熱血時代《ねっけつじだい》

斎藤投手《さいとうとうしゅ》が「ハンカチ王子《おうじ》」と呼《よ》ばれるようになったのは、ピンチの場面《ばめん》でユニフォームのおしりのポケットから青《あお》いハンカチをとりだし、汗《あせ》をふく姿《すがた》が「さわやか」と評判《ひょうばん》になったからだ。ただ、ハンカチを使《つか》うのにはもうひとつ理由《りゆう》があった。ていねいに汗《あせ》をふく動作《どうさ》によってひと呼吸《こきゅう》おき、冷静《れいせい》さをとりもどすためでもあった。ピンチの場面《ばめん》でも相《あい》手《て》の裏《うら》をかく斎藤投手《さいとうとうしゅ》の投球術《とうきゅうじゅつ》は、「クール（冷静《れいせい》）」「クレバー（賢《かしこ》い）」と評価《ひょうか》された。

だが、それまでの斎藤投手《さいとうとうしゅ》は「クール」や「クレバー」といった言葉《ことば》とはまったくちがう投手《とうしゅ》だった。むしろ、ピンチになるほど頭《あたま》に血《ち》がのぼり、投球《とうきゅう》がワンパターンになってしまうのが課題《かだい》だった。味方《みかた》がミスをすると不機嫌《ふきげん》になってしまう悪《わる》いクセもあった。

そんな斎藤投手《さいとうとうしゅ》が大《おお》きく変《か》わるキッカケがあった。２年生《ねんせい》の夏《なつ》、２００５年《ねん》の西東京大《にしとうきょうたい》会準決勝《かいじゅんけっしょう》、日大三高戦《にちだいさんこうせん》だ。この試合《しあい》で斎藤投手《さいとうとうしゅ》は日大三高打線《にちだいさんこうだせん》につかまり、５回《かい》で降板《こうばん》。チームも7回《かい》コールド負《ま》けという大敗《たいはい》をしてしまった。

斎藤投手《さいとうとうしゅ》を変《か》えた「インコース攻《ぜ》め」と「間《ま》のとりかた」

斎藤投手自身《さいとうとうしゅじしん》が、「こんなに打《う》たれたことはなかった」とふりかえるほどめった打《う》ちされた日大三高戦《にちだいさんこうせん》。この敗戦《はいせん》をキッカケに、斎藤投手《さいとうとうしゅ》はそれまで以上《いじょう》に打者《だしゃ》にむかう姿勢《しせい》を大切《たいせつ》にするようになった。そのためにとりくんだのが「インコース攻《ぜ》め」だ。普段《ふだん》の練習《れんしゅう》でもバッターボックスに打者《だしゃ》をたたせて、インコースに速《はや》くて強《つよ》い球《たま》を投《な》げる練習《れんしゅう》ばかりをくりかえした。

また、マウンドでの「間《ま》のとりかた」にも注意《ちゅうい》するようになった。それまではポンポンと自分《じぶん》のリズムで投《な》げていたのを、打者《だしゃ》をしっかり観察《かんさつ》するようになったのだ。このことで「打者《だしゃ》がつぎにどんな球《たま》を待《ま》っているのか」を感《かん》じとる能力《のうりょく》が鋭《するど》くなった。

夏《なつ》の敗戦《はいせん》からわずか3ヶ月後《げつご》、早稲田実業《わせだじつぎょう》はセンバツ出場《しゅつじょう》のかかった秋季大会準決勝《しゅうきたいかいじゅんけっしょう》で、日大三高《にちだいさんこう》とふたたび対戦《たいせん》。斎藤投手《さいとうとうしゅ》は練習《れんしゅう》した「インコース攻《ぜ》め」と「間《ま》のとりかた」で、今度《こんど》は見事《みごと》に完封勝利《かんぷうしょうり》。つぎの決勝戦《けっしょうせん》にも勝《か》った早稲田実業《わせだじつぎょう》はセンバツ大会出場《たいかいしゅつじょう》をほぼ確《かく》実《じつ》なものにした。なにより、斎藤投手《さいとうとうしゅ》は自信《じしん》を手《て》にいれた。

変化《へんか》を恐《おそ》れずにとりくんだ投球《とうきゅう》フォームの改造《かいぞう》

2006年春《ねんはる》、第《だい》78回《かい》センバツ大会《たいかい》に出場《しゅつじょう》した斎藤投手《さいとうとうしゅ》は1回戦《かいせん》を完封勝利《かんぷうしょうり》と好《こう》スタート。だが、つづく2回戦《かいせん》、岡山《おかやま》の強豪《きょうごう》・関西《かんぜい》との対戦《たいせん》は死闘《しとう》となった。9回《かい》までは打撃戦《だげきせん》となり、7対《たい》7の同点《どうてん》で延長戦《えんちょうせん》に突入《とつにゅう》。延長《えんちょう》になってからは関西《かんぜい》のダース・ローマシュ匡《たすく》投手《とうしゅ》（元《もと》・日本《にっぽん》ハム）との投《な》げあいになり、そのまま延長《えんちょう》15回《かい》まで決着《けっちゃく》がつかず、大会《たいかい》規《き》定《てい》で引《ひ》き分《わ》け再試合《さいしあい》に。斎藤投手《さいとうとうしゅ》はこの1試合《しあい》だけで231球《きゅう》を投《な》げていた。

翌日《よくじつ》の再試合《さいしあい》は4対《たい》3で早稲田実業《わせだじつぎょう》が勝利《しょうり》。斎藤投手《さいとうとうしゅ》は3回《かい》から登板《とうばん》し、この試合《しあい》でも7イニング、103球《きゅう》を投《な》げた。けっきょく、この2日間《かかん》で334球《きゅう》も投《な》げたのだ。勝《か》つには勝《か》ったもののつかれがたまった斎藤投手《さいとうとうしゅ》は、つぎの準々決勝《じゅんじゅんけっしょう》、この大会《たいかい》で優勝《ゆうしょう》する横《よこ》浜《はま》に3対《たい》13と大敗《たいはい》してしまう。

全国制覇《ぜんこくせいは》をするためにはなにかがたりない。そう考《かんが》えた斎藤投手《さいとうとうしゅ》は、センバツ大会終了《たいかいしゅうりょう》後《ご》から投球《とうきゅう》フォームの改造《かいぞう》にとりくんだ。通常《つうじょう》、甲子園《こうしえん》で完封勝利《かんぷうしょうり》をするような投手《とうしゅ》がフォームを変《か》えることはない。むしろ悪《わる》くなってしまうこともあるからだ。

だが、斎藤投手《さいとうとうしゅ》は変化《へんか》を恐《おそ》れなかった。以前《いぜん》よりもヒザを曲《ま》げ、下半身《かはんしん》の力《ちから》を生《い》かす投《とう》球《きゅう》フォームに変《か》えたことで、結果的《けっかてき》に球速《きゅうそく》が5キロ近《ちか》くもアップ。しかも、以前《いぜん》よりもつかれにくいフォームを身《み》につけた。こうして、さらに成長《せいちょう》した斎藤投手《さいとうとうしゅ》は、夏《なつ》の甲子園出《こうしえんしゅつ》場《じょう》をかけ、西東京大会決勝《にしとうきょうたいかいけっしょう》でまたも日大三高《にちだいさんこう》と対戦《たいせん》。この試合《しあい》で、自己最速《じこさいそく》149キロを投《な》げた斎藤投手《さいとうとうしゅ》は、延長《えんちょう》11回《かい》、3時間《じかん》48分《ぷん》にも及《およ》んだ激戦《げきせん》の末《すえ》に日大三高《にちだいさんこう》を倒《たお》したのだ。

試合《しあい》をするたびに成長《せいちょう》した斎藤投手《さいとうとうしゅ》の体《からだ》

２００６年《ねん》、第《だい》88回夏《かいなつ》の甲子園大会《こうしえんたいかい》で、斎藤投手《さいとうとうしゅ》はさまざまな「伝説《でんせつ》」をつくった。

1回戦《かいせん》に大勝《たいしょう》してむかえた2回戦《かいせん》の相手《あいて》は、センバツ王者《おうじゃ》・横浜《よこはま》を倒《たお》していきおいに乗《の》る大阪桐蔭《おおさかとういん》。とくに、2年生《ねんせい》ながら4番打者《ばんだしゃ》の中田翔選手《なかたしょうせんしゅ》（現《げん》・日本《にっぽん》ハム）は、大会注目《たいかいちゅうもく》の強打者《きょうだしゃ》だった。だが、斎藤投手《さいとうとうしゅ》はその中田選手《なかたせんしゅ》から3三振《さんしん》。チームも11対《たい》2と大阪桐蔭《おおさかとういん》を圧倒《あっとう》してしまう。このころから、斎藤投手《さいとうとうしゅ》の評判《ひょうばん》はグングン高《たか》くなっていった。

3回戦《かいせん》も、準々決勝《じゅんじゅんけっしょう》も斎藤投手《さいとうとうしゅ》の完投勝利《かんとうしょうり》で準決勝《じゅんけっしょう》に駒《こま》をすすめた早稲田実業《わせだじつぎょう》。準決勝《じゅんけっしょう》では13個《こ》の三振《さんしん》を記録《きろく》して完封勝利《かんぷうしょうり》をおさめ、早稲田実業《わせだじつぎょう》はとうとう決勝戦《けっしょうせん》に進出《しんしゅつ》した。

ふしぎなことに、試合《しあい》をするたびに斎藤投手《さいとうとうしゅ》の体《からだ》は成長《せいちょう》していた。普通《ふつう》の選手《せんしゅ》であれば、大会《たいかい》がすすむほど体重《たいじゅう》が減《へ》っていく。だから、体力《たいりょく》がなくなり、つかれてしまう。ところが、斎藤投手《さいとうとうしゅ》の場合《ばあい》は大会前《たいかいまえ》に70キロだった体重《たいじゅう》が、決勝戦《けっしょうせん》の前《まえ》には72キロと増《ふ》えていた。投《な》げることで筋肉《きんにく》がついていたのだ。

「甲子園《こうしえん》では投《な》げるたびに自分《じぶん》が成長《せいちょう》していることがよくわかりました」

斎藤投手《さいとうとうしゅ》も、自分自身《じぶんじしん》の変化《へんか》を自覚《じかく》していた。また、肉体《にくたい》だけでなく、精神的《せいしんてき》にも大《おお》きく成長《せいちょう》していた。ピンチになるとおしりのポケットからとりだす青《あお》いハンカチは、すっかり斎藤投手《さいとうとうしゅ》のトレードマークになっていた。ハンカチで斎藤投手《さいとうとうしゅ》が冷静《れいせい》さをとりもどすのとは反対《はんたい》に、球場《きゅうじょう》とテレビの前《まえ》のファンは、斎藤投手《さいとうとうしゅ》に熱狂《ねっきょう》していった。

誰《だれ》もがおどろいた斎藤投手《さいとうとうしゅ》のスタミナ

決勝戦《けっしょうせん》の相手《あいて》は、「夏《なつ》の大会《たいかい》3連覇《れんぱ》」をめざす、北《きた》の王者《おうじゃ》・駒大苫小牧《こまだいとまこまい》。じつは早稲田《わせだ》実業《じつぎょう》と駒大苫小牧《こまだいとまこまい》は、前年秋《ぜんねんあき》に一度対戦《いちどたいせん》していた。そのときは、試合途中《しあいとちゅう》から登板《とうばん》した田中投手《たなかとうしゅ》にまったく歯《は》がたたず、17個《こ》のアウトのうち13個《こ》が三振《さんしん》という完敗《かんぱい》だった。あれから9ヶ月《げつ》、体調不良《たいちょうふりょう》もあって本来《ほんらい》の投球《とうきゅう》ができない田中投手《たなかとうしゅ》に対《たい》して、投《な》げるたびに成長《せいちょう》していた斎藤投手《さいとうとうしゅ》。両《りょう》チームの力《ちから》の差《さ》はほぼなくなっていた。

試合《しあい》は斎藤投手《さいとうとうしゅ》と、3回途中《かいとちゅう》からリリーフ登板《とうばん》した田中投手《たなかとうしゅ》の投《な》げあいとなり、1対《たい》1の同点《どうてん》で延長戦《えんちょうせん》にもつれこんだ。斎藤投手《さいとうとうしゅ》にとって最大《さいだい》のピンチは延長《えんちょう》11回《かい》、1アウト満《まん》塁《るい》の場面《ばめん》だった。この場面《ばめん》で、駒大苫小牧《こまだいとまこまい》が選《えら》んだ作戦《さくせん》はスクイズ。だが、斎藤投手《さいとうとうしゅ》は誰《だれ》よりも冷静《れいせい》だった。ランナーとバッターの動《うご》きからスクイズを見《み》やぶり、わざとワンバウンドになるボール球《だま》を投《な》げたのだ。ボールはバットにあたらず、スクイズは失敗《しっぱい》。斎藤投手《さいとうとうしゅ》のとっさの機転《きてん》でピンチを切《き》り抜《ぬ》けたのだ。

けっきょく、試合《しあい》は規定《きてい》によって延長《えんちょう》15回《かい》、1対《たい》1の引《ひ》き分《わ》けで終《お》わり、翌日《よくじつ》に再試合《さいしあい》がおこなわれることになった。斎藤投手《さいとうとうしゅ》がこの日《ひ》投《な》げた球数《たまかず》は１７８球《きゅう》。その中《なか》でもっとも速《はや》い球《たま》は、延長《えんちょう》15回表《かいおもて》、さいごの打者《だしゃ》に投《な》げた１４７キロだった。どこまでも尽《つ》きることのない斎藤投手《さいとうとうしゅ》のスタミナに、両《りょう》チームの選手《せんしゅ》だけでなく、球場中《きゅうじょうじゅう》がおどろきに包《つつ》まれていた。

948球目《きゅうめ》のストレート勝負《しょうぶ》

決勝再試合《けっしょうさいしあい》がはじまる前《まえ》、ほとんどのひとは駒大苫小牧《こまだいとまこまい》が有利《ゆうり》、と予想《よそう》していた。その一番《ばん》の理由《りゆう》は斎藤投手《さいとうとうしゅ》の「つかれ」だ。斎藤投手《さいとうとうしゅ》はこの日《ひ》で4日《か》連続《れんぞく》の登板《とうばん》。しかも、ここまでの大会《たいかい》6試合《しあい》をほぼひとりで投《な》げていた。一方《いっぽう》の田中投手《たなかとうしゅ》も連投《れんとう》になるとはいえ、斎藤投手《さいとうとうしゅ》よりは球数《たまかず》も少《すく》なく、駒大苫小牧《こまだいとまこまい》のリリーフ投手《とうしゅ》も充実《じゅうじつ》していた。

だが、斎藤投手本人《さいとうとうしゅほんにん》は、そんなまわりの予想《よそう》など気《き》にならなかった。朝起《あさお》きた瞬間《しゅんかん》、「これならだいじょうぶ！」と思《おも》えたほど体《からだ》が軽《かる》かったからだ。反対《はんたい》に、田中投手《たなかとうしゅ》は前日《ぜんじつ》のつかれが抜《ぬ》けきらず、この日《ひ》も先発登板《せんぱつとうばん》はできなかった。

1回表《かいおもて》、斎藤投手《さいとうとうしゅ》が投《な》げた第《だい》1球《きゅう》の球速《きゅうそく》は126キロ。球場中《きゅうじょうじゅう》が「やっぱりつかれている」と思《おも》い、駒大苫小牧《こまだいとまこまい》も「これなら打《う》てる」と考《かんが》えた。でも、それも斎藤投手《さいとうとうしゅ》の計算《けいさん》だった。いい意味《いみ》で力《ちから》を抜《ぬ》いて投《な》げていたのだ。リラックスして、相手《あいて》をよく観察《かんさつ》しながら投《な》げたことで、バッターのねらい球《だま》をことごとくはずすこともできていた。

試合《しあい》は1回裏《かいうら》に早稲田実業《わせだじつぎょう》が先制《せんせい》。駒大苫小牧《こまだいとまこまい》はすぐに田中投手《たなかとうしゅ》をマウンドに送《おく》ったが、早稲田実業《わせだじつぎょう》は田中投手《たなかとうしゅ》からもヒットをかさね、8回終了時点《かいしゅうりょうじてん》で4対《たい》1とリードしていた。

だが、駒大苫小牧《こまだいとまこまい》にも王者《おうじゃ》の意地《いじ》があった。9回表《かいおもて》、3番打者《ばんだしゃ》がツーランホームランを打《う》ち、1点差《てんさ》としたのだ。ここまで、前日《ぜんじつ》につづいて快投《かいとう》をみせていた斎藤投手《さいとうとうしゅ》への声援《せいえん》が大《おお》きかったが、このホームランで駒大苫小牧《こまだいとまこまい》の逆転劇《ぎゃくてんげき》を期待《きたい》する空気《くうき》が高《たか》まった。ただ、斎藤投手《さいとうとうしゅ》だけは、**「ランナーがいなくなって、逆《ぎゃく》に投《な》げやすくなった」**と冷静《れいせい》だった。

普通《ふつう》、ホームランを打《う》たれたあとは、あせりからボール球《だま》が多《おお》くなってしまう。ましてや相手《あいて》は4番打者《ばんだしゃ》だ。ところが、斎藤投手《さいとうとうしゅ》は冷静《れいせい》にストライクを投《な》げ、三振《さんしん》にしとめた。つづく5番打者《ばんだしゃ》も打《う》ちとって優勝《ゆうしょう》まであとひとり。つぎの打者《だしゃ》は田中投手《たなかとうしゅ》だった。

「これが運命《うんめい》なのかな」

斎藤投手《さいとうとうしゅ》も田中投手《たなかとうしゅ》もおたがいがそう思《おも》った。そして、2ストライク2ボールからの7球目《きゅうめ》、この日《ひ》の118球目《きゅうめ》、決勝《けっしょう》2試合《しあい》で296球目《きゅうめ》、甲子園《こうしえん》にきてから948球目《きゅうめ》。斎《さい》藤投手《とうとうしゅ》の投《な》げた球《たま》はストレート。フルスイングした田中投手《たなかとうしゅ》のバットはかすりもしなかった。

名門《めいもん》、早稲田実業《わせだじつぎょう》がはじめて夏《なつ》の甲子園大会《こうしえんたいかい》を制《せい》した瞬間《しゅんかん》だった。

島《しま》袋《ぶくろ》洋《よう》奨《すけ》

興南高校（沖縄）
2009年春・夏
2010年春・夏出場

〈現・福岡ソフトバンクホークス〉

「琉球《りゅうきゅう》トルネード」で沖縄《おきなわ》の悲願《ひがん》を達成《たっせい》！
甲子園《こうしえん》春夏連覇《はるなつれんぱ》をはたした小《ちい》さな大《だい》エース

小《ちい》さな体《からだ》を大《おお》きく使《つか》う「琉球《りゅうきゅう》トルネード」

夏《なつ》の甲子園《こうしえん》で優勝《ゆうしょう》すること。それは、沖縄県《おきなわけん》で野球《やきゅう》をするひとびとにとって、いつか達《たっ》成《せい》したい夢《ゆめ》であり、悲願《ひがん》だった。春《はる》のセンバツでは優勝《ゆうしょう》することができても、夏《なつ》はどうしても勝《か》つことができなかったからだ。そんな「沖縄《おきなわ》の夢《ゆめ》」という期待《きたい》をせおって戦《たたか》い、2010年夏《ねんなつ》の大会《たいかい》で見事《みごと》に全国制覇《ぜんこくせいは》を達成《たっせい》したのが興南《こうなん》だ。

その興南《こうなん》でエースとして活躍《かつやく》したのが島袋洋奨投手《しまぶくろようすけとうしゅ》。身長《しんちょう》は172センチ。野球選手《やきゅうせんしゅ》としては小《ちい》さな体《からだ》をめいっぱい大《おお》きく使《つか》うためにあみだした投《な》げかたが「琉球《りゅうきゅう》トルネード」と呼《よ》ばれる独特《どくとく》のフォームだった。「琉球《りゅうきゅう》」とは、むかし沖縄《おきなわ》にあった王国《おうこく》のこと。沖縄《おきなわ》で生《う》まれ育《そだ》った島袋投手《しまぶくろとうしゅ》が、「竜巻《たつまき》（トルネード）」のように体《からだ》をクルッとひねり、いきおいのあるボールを投《な》げたことからそう呼《よ》ばれた。

甲子園《こうしえん》デビュー戦《せん》で「19奪三振《だつさんしん》」

島袋投手《しまぶくろとうしゅ》がはじめて甲子園《こうしえん》で投《な》げたのは2年生《ねんせい》の春《はる》。2009年《ねん》、第《だい》81回《かい》センバツ大会《たいかい》

1回戦《かいせん》で先発《せんぱつ》した島袋投手《しまぶくろとうしゅ》は、この試合《しあい》で「19奪三振《だつさんしん》」を記録《きろく》。延長戦《えんちょうせん》まで戦《たたか》い、試合《しあい》には負《ま》けてしまったものの、全国《ぜんこく》にその名《な》を知《し》らしめたのだ。しかも、この試合《しあい》で記録《きろく》した「全員三振《ぜんいんさんしん》」「毎回三振《まいかいさんしん》」は、敗戦投手《はいせんとうしゅ》としては大会史上初《たいかいしじょうはつ》の快挙《かいきょ》だった。

5ヶ月後《げつご》、今度《こんど》は第《だい》91回夏《かいなつ》の甲子園大会《こうしえんたいかい》に出場《しゅつじょう》した島袋投手《しまぶくろとうしゅ》は、のちにプロでも活躍《かつやく》する今宮健太選手《いまみやけんたせんしゅ》（現《げん》・ソフトバンク）のいる明豊《めいほう》と対戦《たいせん》。またしても試合《しあい》には敗《やぶ》れたが、ストレートのいきおい、変化球《へんかきゅう》の精度《せいど》は全国《ぜんこく》トップクラスであることを証明《しょうめい》した。ただ、スタミナがなく、試合終盤《しあいしゅうばん》に崩《くず》れてしまうのが課題《かだい》だった。

ゴミをひろう、整理整頓《せいりせいとん》、時間《じかん》を守《まも》る

「甲子園《こうしえん》に出場《しゅつじょう》するための練習《れんしゅう》をしていては、甲子園《こうしえん》で勝《か》つことはできない」

そんな信念《しんねん》のもと、島袋投手《しまぶくろとうしゅ》をはじめ興南《こうなん》ナインをきびしく指導《しどう》したのが我喜屋優監督《がきやまさるかんとく》だ。社会人野球《しゃかいじんやきゅう》でも指導経験《しどうけいけん》のある我喜屋監督《がきやかんとく》は、大人《おとな》の選手《せんしゅ》でもたいへん！　というレベルのキツイ練習《れんしゅう》で選手《せんしゅ》たちをきたえあげた。島袋投手《しまぶくろとうしゅ》は片足《かたあし》で階段《かいだん》をあがるトレーニングをくりかえして、筋力《きんりょく》アップとスタミナアップをはかった。

また、我喜屋監督《がきやかんとく》は「ゴミがおちていることに気《き》づけない選手《せんしゅ》が、野球《やきゅう》のつぎのプレーに気《き》づけるはずがない」という考《かんが》えから、ゴミをひろう、整理整頓《せいりせいとん》、時間《じかん》を守《まも》る、といった生活習慣《せいかつしゅうかん》の見《み》なおしも指導《しどう》した。選手《せんしゅ》が毎日《まいにち》の生活《せいかつ》の中《なか》で気《き》づいた発見《はっけん》を発表《はっぴょう》する「1分間《ぶんかん》スピーチ」といった、ユニークな活動《かつどう》もあった。

こうして、心身《しんしん》ともにたくましくなった興南《こうなん》ナインと島袋投手《しまぶくろとうしゅ》は、2010年《ねん》、甲子園《こうしえん》で大《おお》きな旋風《せんぷう》をまきおこすことになる。

きびしい練習《れんしゅう》で手《て》にしたスタミナの勝利《しょうり》

2010年春《ねんはる》、第《だい》82回《かい》センバツ大会《たいかい》に出場《しゅつじょう》した島袋投手《しまぶくろとうしゅ》は、1回戦《かいせん》から14個《こ》の三振《さんしん》を記録《きろく》する好投《こうとう》で、ようやく「甲子園《こうしえん》1勝《しょう》」を達成《たっせい》。つぎの試合《しあい》では優勝候補《ゆうしょうこうほ》といわれていた智弁和歌山《ちべんわかやま》と対戦《たいせん》し、7対《たい》2と快勝《かいしょう》。こうしていきおいにのった島袋投手《しまぶくろとうしゅ》と興南《こうなん》はその後《ご》も順調《じゅんちょう》に勝《か》ちすすみ、決勝戦《けっしょうせん》に進出《しんしゅつ》した。

決勝《けっしょう》の相手《あいて》は、東京《とうきょう》の野球名門校《やきゅうめいもんこう》、日大三高《にちだいさんこう》。それまでの4試合《しあい》で3本塁打《ほんるいだ》、41得点《とくてん》という強力打線《きょうりょくだせん》が島袋投手《しまぶくろとうしゅ》をおそい、3回《かい》までに3点《てん》をとられる苦《くる》しい展開《てんかい》になった。だが、興南打線《こうなんだせん》も6回表《かいおもて》にめざめ、一挙《いっきょ》に4点《てん》をうばって逆転《ぎゃくてん》。直後《ちょくご》に追《お》いつかれたものの、6回《かい》を終《お》えて5対《たい》5。試合《しあい》はここから一転《いってん》して投手戦《とうしゅせん》になり、延長戦《えんちょうせん》に突入《とつにゅう》した。

1年前《ねんまえ》までのスタミナのない島袋投手《しまぶくろとうしゅ》だったら、延長戦《えんちょうせん》では打《う》たれていたかもしれない。だが、きびしい練習《れんしゅう》で手《て》にしたスタミナはおちることなく、7回以降《かいいこう》に許《ゆる》したヒットは1本《ぽん》だけ。そして12回表《かいおもて》に興南《こうなん》が一挙《いっきょ》に5得点《とくてん》をあげてリードすると、その裏《うら》、島袋投手《しまぶくろとうしゅ》は全《ぜん》14球《きゅう》をストレートで0点《てん》におさえ、ついに興南《こうなん》がセンバツ優勝《ゆうしょう》を達成《たっせい》したのだ。

「沖縄《おきなわ》の夢《ゆめ》」夏《なつ》の全国優勝《ぜんこくゆうしょう》

センバツ王者《おうじゃ》になったことで、ますます「夏《なつ》の優勝《ゆうしょう》」への期待《きたい》が島袋投手《しまぶくろとうしゅ》にのしかかった。そんなプレッシャーに負《ま》けることなく、沖縄大会《おきなわたいかい》に勝《か》って第《だい》91回《かい》夏《なつ》の甲子園大会《こうしえんたいかい》に出場《しゅつじょう》すると、島袋投手《しまぶくろとうしゅ》は春以上《はるいじょう》の安定《あんてい》した投球《とうきゅう》をみせ、チームも順調《じゅんちょう》に勝《か》ちあがった。

そんな興南《こうなん》と島袋投手《しまぶくろとうしゅ》がもっとも苦《くる》しんだ試合《しあい》が、準決勝《じゅんけっしょう》の報徳学園戦《ほうとくがくえんせん》だった。この試合《しあい》、2回《かい》までに島袋投手《しまぶくろとうしゅ》は5失点《しってん》。島袋投手《しまぶくろとうしゅ》がエースになってから、興南《こうなん》が5点差《てんさ》をつけられたのは初《はじ》めてのことだった。

それでも、興南《こうなん》ナインはあきらめなかった。「俺《おれ》たちはあれだけのことをやってきたんだから、負《ま》けるはずがない」という自信《じしん》が、ピンチの場面《ばめん》でこそ選手《せんしゅ》たちのささえになった。5回《かい》から7回《かい》までの3イニングでヒット9本《ほん》を打《う》ち、6対《たい》5と大逆転《だいぎゃくてん》。守《まも》っても、島《しま》袋投手《ぶくろとうしゅ》が3回以降《かいいこう》を無失点《むしってん》におさえ、そのまま興南《こうなん》が逃《に》げきったのだ。

決勝戦《けっしょうせん》は東海大相模《とうかいだいさがみ》と対戦《たいせん》し、13対《たい》1と圧勝《あっしょう》。こうして「沖縄《おきなわ》の夢《ゆめ》」、夏《なつ》の全国優勝《ぜんこくゆうしょう》を勝《か》ちとった興南《こうなん》は、史上《しじょう》6校目《こうめ》となる「春夏連覇《はるなつれんぱ》」も達成《たっせい》したのだ。島袋投手《しまぶくろとうしゅ》は2010年《ねん》の春《はる》・夏《なつ》の甲子園《こうしえん》で11勝《しょう》0敗《はい》、102奪三振《だつさんしん》を記録《きろく》。年間三振数《ねんかんさんしんすう》は、斎藤佑樹投手《さいとうゆうきとうしゅ》に次《つ》ぐ歴代《れきだい》3位《い》。年間《ねんかん》10勝以上《しょういじょう》は、あの松坂大輔投手《まつざかだいすけとうしゅ》（11勝《しょう》）以来《いらい》であり、2000年以降《ねんいこう》では島袋投手《しまぶくろとうしゅ》以外《いがい》、誰《だれ》も達成《たっせい》していない快挙《かいきょ》だった。

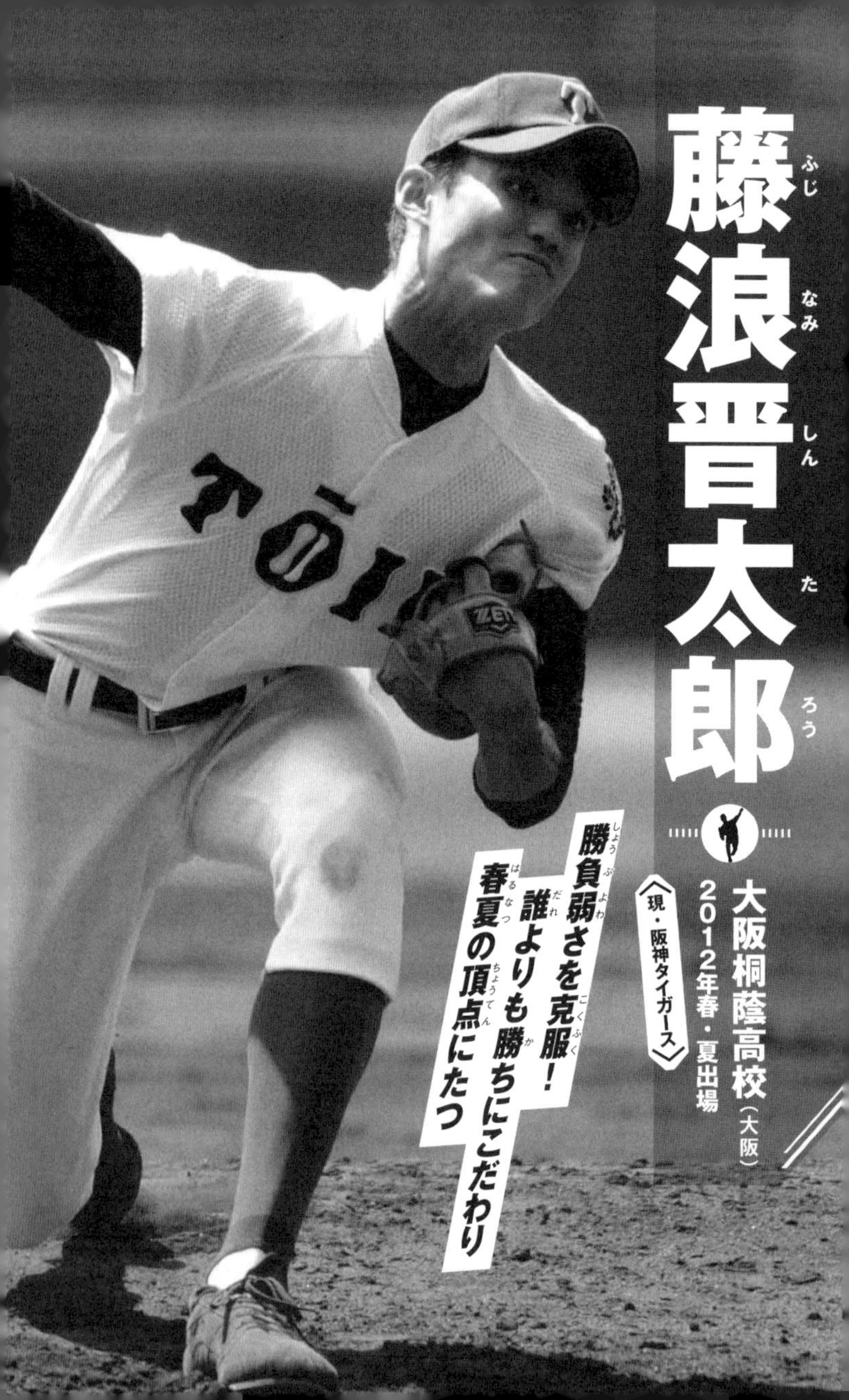

藤《ふじ》浪《なみ》晋《しん》太《た》郎《ろう》

大阪桐蔭高校（大阪）
2012年春・夏出場
〈現・阪神タイガース〉

勝負弱《しょうぶよわ》さを克服《こくふく》！
誰《だれ》よりも勝《か》ちにこだわり
春夏《はるなつ》の頂点《ちょうてん》にたつ

身長《しんちょう》197センチの「甲子園史上最長身選手《こうしえんしじょうさいちょうしんせんしゅ》」

「最強横綱《さいきょうよこづな》」「21世紀最強《せいきさいきょう》チーム」

そんな言葉《ことば》で語《かた》られることも多《おお》いのが、大阪桐蔭《おおさかとういん》だ。２００８年夏《ねんなつ》の大会《たいかい》で同校《どうこう》２度目《どめ》の全国優勝《ぜんこくゆうしょう》を達成《たっせい》すると、２０１２年《ねん》には春夏連覇《はるなつれんぱ》。２０１４年夏《ねんなつ》の大会《たいかい》でも優勝《ゆうしょう》と、今《こん》世紀《せいき》に入《はい》ってからすでに４度《ど》も全国制覇《ぜんこくせいは》を成《な》しとげている。中《なか》でも、２０１２年《ねん》の春夏連覇《はるなつれんぱ》は安定《あんてい》した試合運《しあいはこ》びばかりで、まさに「横綱《よこづな》」といいたくなる戦《たたか》いぶり。そして、この連覇達成《れんぱたっせい》の原動力《げんどうりょく》となったのが、身長《しんちょう》１９７センチのエース、「甲子園大会史上最長身選手《こうしえんたいかいしじょうさいちょうしんせんしゅ》」藤浪晋太郎投手《ふじなみしんたろうとうしゅ》だった。

将来《しょうらい》の夢《ゆめ》は「〝一流《いちりゅう》の〟プロ野球選手《やきゅうせんしゅ》になること」

１９９４年《ねん》４月《がつ》12日《にち》、普通《ふつう》の赤《あか》ちゃんよりもずっと大《おお》きい３５００グラムの体重《たいじゅう》で生《う》まれた藤浪投手《ふじなみとうしゅ》。その後《ご》も順調《じゅんちょう》に大《おお》きくなり、小学《しょうがく》6年生《ねんせい》のときに１８０センチ、中学《ちゅうがく》を卒業《そつぎょう》するときには１９４センチと、文字通《もじどお》り「頭《あたま》ひとつ抜《ぬ》けた存在《そんざい》」といえた。

小学《しょうがく》1年《ねん》ではじめた野球《やきゅう》では、中学《ちゅうがく》のボーイズリーグ時代《じだい》に世界大会《せかいたいかい》にも出場《しゅつじょう》。大阪《おおさか》の野球関係者《やきゅうかんけいしゃ》の間《あいだ》ではちょっとした有名人《ゆうめいじん》で、身長《しんちょう》だけでなく、投球《とうきゅう》でも「頭《あたま》ひとつ抜《ぬ》けた存在《そんざい》」になっていた。そんな藤浪投手《ふじなみとうしゅ》が選《えら》んだ進学《しんがく》さきが野球名門校《やきゅうめいもんこう》、大阪桐蔭《おおさかとういん》だった。

ただ、大阪桐蔭《おおさかとういん》の西谷浩一監督《にしたにこういちかんとく》は、入学当時《にゅうがくとうじ》の藤浪投手《ふじなみとうしゅ》をそれほど高《たか》くは評価《ひょうか》していなかった。むしろ、長《なが》い手足《てあし》がじゃまになって、バント守備《しゅび》などのこまかいプレーが苦手《にがて》なのでは？　そんなことを考《かんが》えていた。

ところが、実際《じっさい》に練習《れんしゅう》で見《み》てみると、上級生《じょうきゅうせい》にまじっても守備《しゅび》を難《なん》なくこなしてみせた。

そしてなにより西谷監督《にしたにかんとく》をおどろかせたのが、藤浪投手《ふじなみとうしゅ》の目標意識《もくひょういしき》の高《たか》さだった。大阪桐蔭《おおさかとういん》では選手《せんしゅ》と監督《かんとく》との間《あいだ》で交換《こうかん》ノートをする習慣《しゅうかん》がある。入学《にゅうがく》したばかりの藤浪投手《ふじなみとうしゅ》はそのノートに、将来《しょうらい》の夢《ゆめ》として「一流《いちりゅう》のプロ野球選手《やきゅうせんしゅ》になること」と書《か》いたのだ。これまでにも、「プロ野球選手《やきゅうせんしゅ》になりたい」と書《か》く生徒《せいと》は大勢《おおぜい》いたが、「一流《いちりゅう》の」とつけたのは藤浪《ふじなみ》投手《とうしゅ》が初《はじ》めてだったという。藤浪投手《ふじなみとうしゅ》は目《め》の前《まえ》の「甲子園出場《こうしえんしゅつじょう》」だけでなく、「プロ野球《やきゅう》で活躍《かつやく》すること」を目標《もくひょう》に、トップレベルの環境《かんきょう》で野球《やきゅう》をする道《みち》を選《えら》んだのだ。

こうして、高《たか》い身長《しんちょう》だけでなく、高《たか》い目標意識《もくひょういしき》でもチームの中《なか》で目《め》だっていた藤浪投手《ふじなみとうしゅ》は、1年生《ねんせい》の夏《なつ》からベンチ入《い》り。そして、2年春《ねんはる》にはさっそく、エース番号《ばんごう》である背番号《せばんごう》「1」をつけるようになった。だが、藤浪投手《ふじなみとうしゅ》が全国《ぜんこく》デビューするまでには、まだまだたくさんの課題《かだい》があった。

「あいつは勝《か》ち運《うん》を持《も》ってないですよ」

「ここ一番《ばん》で弱《よわ》いヤツ」「勝《か》ち運《うん》のない男《おとこ》」

藤浪投手《ふじなみとうしゅ》はそんな評価《ひょうか》をされることが多《おお》かった。それこそが、藤浪投手《ふじなみとうしゅ》の少年時代《しょうねんじだい》からの課題《かだい》だった。

2年夏《ねんなつ》の大阪大会決勝戦《おおさかたいかいけっしょうせん》では、7回裏《かいうら》に5失点《しってん》して途中降板《とちゅうこうばん》。チームも逆転負《ぎゃくてんま》けをしてしまい、甲子園出場《こうしえんしゅつじょう》をあと少《すこ》しのところで逃《のが》してしまった。

2年秋《ねんあき》、これに勝《か》てばセンバツ大会出場《たいかいしゅつじょう》がきまる、という近畿大会準々決勝《きんきたいかいじゅんじゅんけっしょう》では奈良《なら》の強豪《きょうごう》・天理《てんり》に敗《やぶ》れた。結果的《けっかてき》にはセンバツ大会《たいかい》の出場校《しゅつじょうこう》に選《えら》ばれたが、自分《じぶん》の手《て》で甲子園《こうしえん》出場《しゅつじょう》の切符《きっぷ》をつかむことができなかった。

さらにさかのぼれば、ボーイズリーグ時代《じだい》の全国大会出場《ぜんこくたいかいしゅつじょう》がかかった試合《しあい》でも、のちにバッテリーをくむことになる森友哉《もりともや》選手《せんしゅ》（現《げん》・西武《せいぶ》）にタイムリーヒットを打《う》たれ、全国《ぜんこく》の切符《きっぷ》を逃《のが》したこともあった。そのため、西谷監督《にしたにかんとく》に「このまま藤浪《ふじなみ》を使《つか》いつづけるんですか？　あいつは勝《か》ち運《うん》を持《も》ってないですよ」といってくる人物《じんぶつ》までいた。

「このままいわれっぱなしでいいのか。俺《おれ》は見《み》かえしてやりたいんや！」

西谷監督《にしたにかんとく》からそんな言葉《ことば》をもらった藤浪投手《ふじなみとうしゅ》は、それ以来《いらい》、どんなことでも「勝負《しょうぶ》」することにこだわるようになった。ほかの選手《せんしゅ》が腹筋《ふっきん》30回《かい》なら、自分《じぶん》は35回《かい》。誰《だれ》もがいやがるダッシュ走《そう》の本数《ほんすう》を、ほかの選手《せんしゅ》よりも1本多《ぽんおお》く走《はし》る……。そんな小《ちい》さな勝負《しょうぶ》の積《つ》みかさねが、彼《かれ》を少《すこ》しずつ「勝負強《しょうぶづよ》いピッチャー」に変《か》えていったのだ。

「ここ一番《いちばん》で弱《よわ》いヤツ」から「誰《だれ》よりも勝利《しょうり》を求《もと》める男《おとこ》」へ

冬《ふゆ》の間《あいだ》、毎日《まいにち》の練習《れんしゅう》の中《なか》で「勝負《しょうぶ》」にこだわり、つらい練習《れんしゅう》にも耐《た》えてきた藤浪投手《ふじなみとうしゅ》。その成果《せいか》を発揮《はっき》する舞台《ぶたい》がセンバツ甲子園《こうしえん》だった。２０１２年《ねん》、第《だい》84回《かい》センバツ大会《たいかい》に出場《しゅつじょう》した藤浪投手《ふじなみとうしゅ》は、当時《とうじ》から「超高校級《ちょうこうこうきゅう》」と騒《さわ》がれていた大谷翔平選手《おおたにしょうへいせんしゅ》（現《げん》・日本《にっぽん》ハム）と1回戦《かいせん》で対戦《たいせん》。この試合《しあい》では大谷選手《おおたにせんしゅ》にホームランを打《う》たれながらも、試合《しあい》には勝利《しょうり》。

大舞台《おおぶたい》で「勝《か》てる投手《とうしゅ》」としての第一歩《だいいっぽ》をふみだした。そんな藤浪投手《ふじなみとうしゅ》の変化《へんか》をもっとも実感《じっかん》していたのが、かってのライバルであり、捕手《ほしゅ》として球《たま》を受《う》けつづけていた森捕手《もりほしゅ》だった。

「球《たま》の力《ちから》も、コントロールも、秋《あき》よりもぜんぜんよくなっている!」

成長《せいちょう》したピッチングで順調《じゅんちょう》に勝《か》ちあがった藤浪投手《ふじなみとうしゅ》。準々決勝《じゅんじゅんけっしょう》の浦和学院戦《うらわがくいんせん》では、チームが同点《どうてん》に追《お》いついた直後《ちょくご》の7回裏《かいうら》、ノーアウト満塁《まんるい》という大《だい》ピンチで3者連続三振《しゃれんぞくさんしん》を記録《きろく》。このとき、自己最速《じこさいそく》の153キロをマークした。

決勝戦《けっしょうせん》の相手《あいて》は、青森代表《あおもりだいひょう》の光星学院《こうせいがくいん》(現《げん》・八戸学院光星《はちのへがくいんこうせい》)。その主軸打者《しゅじくだしゃ》としてプロも注目《ちゅうもく》した田村龍弘選手《たむらたつひろせんしゅ》(現《げん》・ロッテ)には3安打《あんだ》、北條史也選手《ほうじょうふみやせんしゅ》(現《げん》・阪神《はんしん》)には2安打《あんだ》2打点《だてん》、チーム全体《ぜんたい》でも12本《ほん》ものヒットを許《ゆる》したが、試合《しあい》には7対《たい》3で勝利《しょうり》。見事《みごと》にセンバツ優勝《ゆうしょう》を達成《たっせい》したのだ。終《お》わってみれば、大会《たいかい》で投《な》げた5試合《しあい》すべてで150キロ以《い》上《じょう》を記録《きろく》。これは史上初《しじょうはじ》めての出来事《できごと》だった。それでも、藤浪投手《ふじなみとうしゅ》は満足《まんぞく》しなかった。

「春勝《はるか》っても、夏勝《なつか》たなければ意味《いみ》がないんです」

ここ一番《ばん》で弱《よわ》いヤツ、といわれた藤浪投手《ふじなみとうしゅ》は、誰《だれ》よりも勝利《しょうり》を求《もと》める男《おとこ》に変《か》わっていた。

いい投手《とうしゅ》ではなく、勝《か》てる投手《とうしゅ》になれた

「打《う》たれてもいいから、勝《か》てる投手《とうしゅ》になりたい」

そんな決意《けつい》を強《つよ》くした藤浪投手《ふじなみとうしゅ》は、センバツ大会《たいかい》のあと、下半身《かはんしん》を中心《ちゅうしん》に基礎《きそ》から体《からだ》をつくりなおした。さらに、あこがれていたダルビッシュ有投手《ゆうとうしゅ》（現《げん》・レンジャース）の投《とう》球《きゅう》フォームを研究《けんきゅう》して、もっと完成度《かんせいど》の高《たか》い投手《とうしゅ》をめざした。

こうして、さらに成長《せいちょう》した藤浪投手《ふじなみとうしゅ》が甲子園《こうしえん》にもどってきた。2012年《ねん》、第《だい》94回夏《かいなつ》の甲子園大会《こうしえんたいかい》に出場《しゅつじょう》した藤浪投手《ふじなみとうしゅ》は、初戦《しょせん》から14個《こ》の三振《さんしん》を記録《きろく》。準々決勝《じゅんじゅんけっしょう》では、2年秋《ねんあき》に近畿大会《きんきたいかい》で敗《やぶ》れた天理《てんり》と対戦《たいせん》。今度《こんど》は13個《こ》の三振《さんしん》をうばう好投《こうとう》で相手《あいて》を圧倒《あっとう》した。

つづく準決勝《じゅんけっしょう》でも強豪《きょうごう》・明徳義塾《めいとくぎじゅく》を相手《あいて》に2安打《あんだ》しか与《あた》えず、完封勝利《かんぷうしょうり》。相手監督《あいてかんとく》も完《かん》敗《ぱい》をみとめ、西谷監督《にしたにかんとく》も「90点《てん》」と高《たか》い評価《ひょうか》をする中《なか》、藤浪投手《ふじなみとうしゅ》は「60点《てん》です」とコメント。自分《じぶん》が一番《ばん》、満足《まんぞく》していなかった。

決勝戦《けっしょうせん》の相手《あいて》は、センバツ大会《たいかい》と同《おな》じく光星学院《こうせいがくいん》。春《はる》の対戦《たいせん》でたくさんのヒットを打《う》たれた田村選手《たむらせんしゅ》、北條選手《ほうじょうせんしゅ》のふたりはこの大会《たいかい》で計《けい》6ホームランと絶好調《ぜっこうちょう》だった。だが、成《せい》

長《ちょう》した藤浪投手《ふじなみとうしゅ》にとってもはや敵《てき》ではなかった。ふたりあわせて計《けい》8打数《だすう》1安打《あんだ》4三振《さんしん》とほぼ完璧《かんぺき》におさえたのだ。けっきょく、準決勝《じゅんけっしょう》と同《おな》じく相手《あいて》に2本《ほん》のヒットしか許《ゆる》さず、決勝戦史上最多《けっしょうせんしじょうさいた》タイの14個《こ》の三振《さんしん》を記録《きろく》し、完封勝利《かんぷうしょうり》。さいごの打者《だしゃ》を152キロのストレートで空《から》ぶり三振《さんしん》にした瞬間《しゅんかん》、藤浪投手《ふじなみとうしゅ》は両手《りょうて》をつきあげ、そして森捕手《もりほしゅ》と抱《だ》きあった。

「3年間《ねんかん》で一番《ばん》いい投球《とうきゅう》ができた。いい投手《とうしゅ》ではなく、勝《か》てる投手《とうしゅ》になれたのでよかった」

こうして、大阪桐蔭《おおさかとういん》は史上《しじょう》7校目《こうめ》となる春夏連覇《はるなつれんぱ》を達成《たっせい》したのだ。

高校卒業後《こうこうそつぎょうご》、プロ野球《やきゅう》・阪神《はんしん》タイガースに入団《にゅうだん》した藤浪投手《ふじなみとうしゅ》は1年目《ねんめ》から3年連続《ねんれんぞく》の2桁勝利《けたしょうり》を達成《たっせい》。これは、松坂大輔投手《まつざかだいすけとうしゅ》以来《いらい》となる、史上《しじょう》9人目《にんめ》の快挙《かいきょ》だった。こうして、藤浪投手《ふじなみとうしゅ》はプロでも「勝《か》てる投手《とうしゅ》」として誰《だれ》もがみとめる存在《そんざい》になった。だが、まだ満足《まんぞく》はしていない。めざしているのは「一流《いちりゅう》のプロ野球選手《やきゅうせんしゅ》」だからだ。

TEAM

1 平成甲子園のレジェンドチーム

快進撃《かいしんげき》にスタンドは熱狂《ねっきょう》&大拍手《だいはくしゅ》!

"県民《けんみん》の夢《ゆめ》" 沖縄尚学《おきなわしょうがく》

(1999年春《ねんはる》)

沖縄県民《おきなわけんみん》の夢《ゆめ》「甲子園優勝《こうしえんゆうしょう》」を初《はじ》めて達成《たっせい》したのが沖縄尚学《おきなわしょうがく》だ。優勝《ゆうしょう》した瞬《しゅん》間《かん》、対戦相手《たいせんあいて》の水戸商応援団《みとしょうおうえんだん》まで巻《ま》き込《こ》んで「歓喜《かんき》のウェーブ」が甲子園球場《こうしえんきゅうじょう》を一周《いっしゅう》。大《おお》きな感動《かんどう》を呼《よ》んだ。

"北《きた》の王者《おうじゃ》" 駒大苫小牧《こまだいとまこまい》

(2004年夏《ねんなつ》)

「雪国《ゆきぐに》のチームは勝《か》てない」といわれた甲子園《こうしえん》で、北海道勢初優勝《ほっかいどうぜいはつゆうしょう》を達成《たっせい》したのが2004年夏《ねんなつ》の駒大苫小牧《こまだいとまこまい》。日大三《にちだいさん》高《こう》や横浜《よこはま》といった優勝候補《ゆうしょうこうほ》をたおし、決《けっ》勝戦《しょうせん》もセンバツ王者《おうじゃ》、済美《さいび》をやぶっての価値《かち》ある優勝《ゆうしょう》だった。駒大苫小牧《こまだいとまこまい》は翌年《よくとし》夏《なつ》も優勝《ゆうしょう》。その次《つぎ》の年《とし》も決勝戦《けっしょうせん》に進出《しんしゅつ》し、「駒大苫小牧時代《こまだいとまこまいじだい》」をきずいた。

"公立《こうりつ》の星《ほし》" 佐賀北《さがきた》

(2007年夏《ねんなつ》)

無名《むめい》の公立校《こうりつこう》が強豪校《きょうごうこう》をつぎつぎにたおし、決勝戦《けっしょうせん》でも奇跡《きせき》の逆転優勝《ぎゃくてんゆうしょう》。まるで漫画《まんが》やドラマのような試合《しあい》を繰《く》りひろげたのが2007年《ねん》の佐賀北《さがきた》だ。引《ひ》き分《わ》け再試合《さいしあい》や延長戦《えんちょうせん》でのサヨナラ勝《か》ちなど、神《かみ》がかった試合《しあい》ばかり。きわめつけは決《けっ》勝戦《しょうせん》、8回《かい》まで0対《たい》4で負《ま》けていたのに、満塁《まんるい》ホームランなどで一気《いっき》に逆転《ぎゃくてん》。初優《はつゆう》勝《しょう》をきめたのだ。開会式直後《かいかいしきちょくご》の第《だい》1試合《しあい》に登場《とうじょう》し、決勝戦《けっしょうせん》まで勝《か》ちのこった長《なが》くて熱《あつ》い戦《たたか》いぶりは、「佐賀北《さがきた》の夏《なつ》」として伝説《でんせつ》となった。

〝東《ひがし》の横綱《よこづな》〟日大三高《にちだいさんこう》（2011年夏《ねんなつ》）

東日本大震災《ひがしにほんだいしんさい》がおこり、日本中《にほんじゅう》が暗《くら》いムードに包《つつ》まれていた2011年《ねん》、気持《きも》ちがいいほどの攻撃力《こうげきりょく》で全国制覇《ぜんこくせいは》を達成《たっせい》したのが「東《ひがし》の横綱《よこづな》」日大三高《にちだいさんこう》。1回戦《かいせん》から決勝《けっしょう》まで、6試合連続《しあいれんぞく》で2ケタ安打《あんだ》を記録《きろく》。決勝戦《けっしょうせん》は11対《たい》0という圧勝《あっしょう》で、横綱《よこづな》ぶりを見《み》せつけた。

〝復活《ふっかつ》の古豪《こごう》〟高松商業《たかまつしょうぎょう》（2016年春《ねんはる》）

「初代《しょだい》センバツ王者《おうじゃ》」であり、かつては甲子園常連校《こうしえんじょうれんこう》だった香川県の県立高校《けんりつこうこう》高松商業《たかまつしょうぎょう》。平成《へいせい》になり、甲子園《こうしえん》に出《で》られない期間《きかん》がつづいたが、2016年春《ねんはる》、20年《ねん》ぶりにセンバツ大会《たいかい》に出場《しゅつじょう》し、準優《じゅんゆう》勝《しょう》。「古豪復活《こごうふっかつ》」と高校野球《こうこうやきゅう》ファンを喜《よろこ》ばせた。

第2章

甲子園スーパーエース列伝

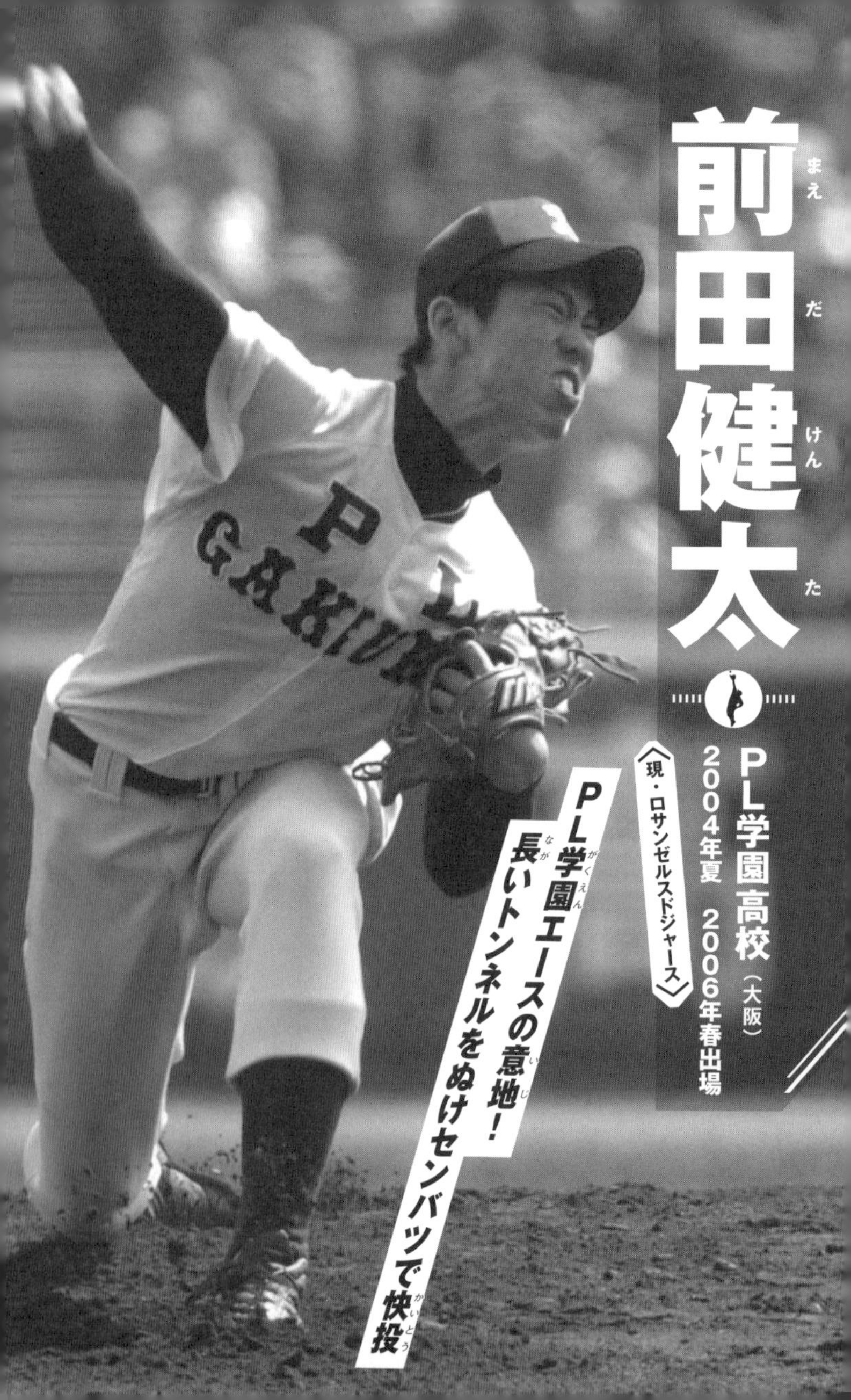

前《ま》田《え》健《だ》太《けん》

前《まえ》田《だ》健《けん》太《た》

PL学園高校（大阪）

2004年夏　2006年春出場

〈現・ロサンゼルスドジャース〉

PL学園《がくえん》エースの意地《いじ》！長《なが》いトンネルをぬけセンバツで快投《かいとう》

挑戦《ちょうせん》する男《おとこ》、前田健太《まえだけんた》

迷《まよ》ったら、あえてたいへんな道《みち》を選《えら》ぶ。それが、前田健太投手《まえだけんたとうしゅ》の生《い》きかただ。プロ野球《やきゅう》の広島《ひろしま》ではエース番号《ばんごう》「18」をつけて活躍《かつやく》。日本代表《にほんだいひょう》チーム、侍《さむらい》ジャパンでも「18」をつけて国際大会《こくさいたいかい》ですばらしい投球《とうきゅう》をみせてきた前田投手《まえだとうしゅ》。日本《にほん》にいれば、これからも「エース」でいつづけることはできただろう。でも、前田投手《まえだとうしゅ》は安定《あんてい》した生《い》きかたではなく、自分自身《じぶんじしん》のあたらしい可能性《かのうせい》を信《しん》じて、アメリカ・メジャーリーグへ挑戦《ちょうせん》する道《みち》を選《えら》んだ。その「挑戦《ちょうせん》する生《い》きかた」は少年時代《しょうねんじだい》からずっと変《か》わらないものだった。

中学《ちゅうがく》3年生《ねんせい》でつかんだ「世界大会《せかいたいかい》MVP《エムブイピー》投手《とうしゅ》」

運動神経《うんどうしんけい》がバツグンで、水泳《すいえい》（背泳《せお》ぎ）では関西《かんさい》で一番《ばん》になったこともある前田投手《まえだとうしゅ》。小学《しょうがく》3年《ねん》ではじめた野球《やきゅう》も、同級生《どうきゅうせい》の誰《だれ》よりもうまくプレーすることができた。投手《とうしゅ》だけでなく内野手《ないやしゅ》でも試合《しあい》に出場《しゅつじょう》し、バッティングでも評判《ひょうばん》の選手《せんしゅ》だった。

ところが、中学《ちゅうがく》1年《ねん》でボーイズリーグに所属《しょぞく》すると、まわりの高《たか》いレベルについていくことができず、1年間《ねんかん》はベンチ入《い》りもなし。そんなきびしい立場《たちば》でこそ燃《も》えるのが前田選《まえだせん》手《しゅ》。競争《きょうそう》が一番《げん》はげしい投手《とうしゅ》のポジションだけで勝負《しょうぶ》する道《みち》をあえて選《えら》んだのだ。

うまくなるためなら、どんなにたいへんな練習《れんしゅう》にも耐《た》えられた。そして、とにかく走《はし》った。**最低《さいてい》でも毎日《まいにち》8キロ。その倍《ばい》以上《いじょう》走《はし》る日《ひ》も多《おお》かった。**まるで陸上部《りくじょうぶ》のように毎日《まいにち》走《はし》ったことで下半身《かはんしん》が強《つよ》くなり、中学《ちゅうがく》3年《ねん》のころには速《はや》いボールが投《な》げられるようになった。投手《とうしゅ》にとって大切《たいせつ》なコントロールがよくなったのも、下半身《かはんしん》が安定《あんてい》したからだった。

こうして、チームのエースになった前田投手《まえだとうしゅ》は全国大会《ぜんこくたいかい》でベスト4《フォー》。ボーイズリーグ日《に》本代表《ほんだいひょう》では世界大会優勝《せかいたいかいゆうしょう》という結果《けっか》をのこし、大会《たいかい》ＭＶＰ《エムブイピー》にも選《えら》ばれたのだ。

1年生《ねんせい》、前田投手《まえだとうしゅ》がまかされた「決勝戦再試合《けっしょうせんさいしあい》」のマウンド

中学生《ちゅうがくせい》にして、「世界大会《せかいたいかい》ＭＶＰ《エムブイピー》投手《とうしゅ》」という肩書《かたが》きを手《て》にした前田投手《まえだとうしゅ》。さまざまな高校《こうこう》が「一緒《いっしょ》にプレーしよう。甲子園《こうしえん》をめざそう」と声《こえ》をかけた。その中《なか》から前田投手《まえだとうしゅ》が選《えら》んだ学校《がっこう》は大阪《おおさか》のＰＬ《ピーエル》学園《がくえん》。小《ちい》さいころに見《み》た、横浜《よこはま》対《たい》ＰＬ《ピーエル》学園《がくえん》、松坂大輔《まつざかだいすけ》投手《とうしゅ》と上重《かみしげ》聡《さとし》投手《とうしゅ》の名勝負《めいしょうぶ》が忘《わす》れられなかったからだ。そして、どうせやるなら、きびしい練習《れんしゅう》とチ

ーム内《ない》の競争《きょうそう》で有名《ゆうめい》なPL《ピーエル》学園《がくえん》で野球《やきゅう》がしてみたかったのだ。

入学《にゅうがく》したばかりのころは、先輩《せんぱい》たちの大《おお》きな体《からだ》におどろくばかり。自分《じぶん》のやせ形《がた》の体《からだ》で練習《れんしゅう》についていけるのか、不安《ふあん》になることもあった。

だが、前田投手《まえだとうしゅ》には、とことん走《はし》って手《て》にいれた強《つよ》い下半身《かはんしん》があった。そして、水泳《すいえい》で手《て》にいれたやわらかい筋肉《きんにく》もあった。すぐに実力《じつりょく》をみとめられると、1年生《ねんせい》の夏《なつ》からベンチ入《い》りすることができたのだ。

2004年夏《ねんなつ》、PL《ピーエル》学園《がくえん》の戦《たたか》いがはじまった。「甲子園《こうしえん》で勝《か》つよりもたいへん」といわれるほど大阪大会《おおさかたいかい》のレベルは高《たか》かったが、その中《なか》を勝《か》ちあがってPL《ピーエル》学園《がくえん》は決勝戦《けっしょうせん》に進出《しんしゅつ》。決勝戦《けっしょうせん》の相手《あいて》は甲子園《こうしえん》の常連校《じょうれんこう》、大阪桐蔭《おおさかとういん》だ。PL《ピーエル》学園《がくえん》対大阪桐蔭《たいおおさかとういん》という、甲子園《こうしえん》の決勝《けっしょう》戦《せん》でぶつかってもおかしくない強豪校《きょうごうこう》どうしの戦《たたか》いは延長《えんちょう》15回《かい》まで戦《たたか》っても決着《けっちゃく》がつかず、大阪大会《おおさかたいかい》でははじめての「決勝引《けっしょうひ》き分《わ》け再試合《さいしあい》」となった。

そして、この大事《だいじ》な決勝戦再試合《けっしょうせんさいしあい》のマウンドをまかされたのが、1年生《ねんせい》の前田投手《まえだとうしゅ》だった。前田投手《まえだとうしゅ》は期待《きたい》にこたえ、大一番《おおいちばん》で見事《みごと》に完投勝利《かんとうしょうり》。チームを甲子園《こうしえん》に導《みちび》いたのだ。

「桑田《くわた》2世《せい》」と呼《よ》ばれて

「PL《ピーエル》学園《がくえん》が1年生投手《ねんせいとうしゅ》の活躍《かつやく》で甲子園《こうしえん》へ」

このニュースに高校野球《こうこうやきゅう》ファンはよろこんだ。1983年《ねん》に「1年生《ねんせい》エース」としてPL《ピーエル》学園《がくえん》を全国優勝《ぜんこくゆうしょう》に導《みちび》いた桑田真澄投手《くわたますみとうしゅ》（元《もと》・巨人《きょじん》ほか）の再来《さいらい》、と考《かんが》えたからだ。まわりのひとびとは期待《きたい》をこめて、前田投手《まえだとうしゅ》のことを「桑田《くわた》2世《せい》」と呼《よ》ぶようになった。

前田投手《まえだとうしゅ》にとっても、桑田投手《くわたとうしゅ》はあこがれの存在《そんざい》だった。チームを勝《か》たせることができる点《てん》はもちろん、ストレートとカーブの2種類《しゅるい》の球《たま》だけで勝負《しょうぶ》するスタイルが自分《じぶん》と似《に》ていたからだ。いまの時代《じだい》、高校生《こうこうせい》でもいくつもの変化球《へんかきゅう》を投《な》げわけるのが普通《ふつう》だ。でも、前田投手《まえだとうしゅ》はこのとき、ストレートとカーブの2種類《しゅるい》だけで勝負《しょうぶ》していた。それは、投《な》げられないから、というよりも、**高校生《こうこうせい》をこの2つの球《たま》でおさえられないようでは、将来《しょうらい》プロで通用《つうよう》するはずがない**、と考《かんが》えていたからだ。

2004年《ねん》、第《だい》86回夏《かいなつ》の甲子園大会《こうしえんたいかい》に出場《しゅつじょう》した前田投手《まえだとうしゅ》とPL《ピーエル》学園《がくえん》は、初戦《しょせん》で東京《とうきょう》の強豪校《きょうごうこう》、日大三高《にちだいさんこう》と対戦《たいせん》。この大事《だいじ》な試合《しあい》でも、前田投手《まえだとうしゅ》は先発《せんぱつ》をまかされた。だが、5回《かい》を投《な》げて8安打《あんだ》を打《う》たれ、3失点《しってん》で途中交代《とちゅうこうたい》。試合《しあい》にも敗《やぶ》れてしまう。桑田投手《くわたとうしゅ》のように、1年生《ねんせい》で優勝《ゆうしょう》、というわけにはいかなかった。

そしてここから、前田投手《まえだとうしゅ》は結果《けっか》が出《で》ない、長《なが》いトンネルに入《はい》ってしまうのだった。

「おまえ、このままじゃ忘《わす》れられるぞ」

1年《ねん》の夏《なつ》に甲子園《こうしえん》で登板《とうばん》、という派手《はで》なデビューをかざった前田投手《まえだとうしゅ》。だが、1年生《ねんせい》の秋《あき》から、全国大会《ぜんこくたいかい》に出場《しゅつじょう》することがなかなかできなかった。

2年夏《ねんなつ》の大阪大会準々決勝《おおさかたいかいじゅんじゅんけっしょう》で対戦《たいせん》したのは、またしても大阪桐蔭《おおさかとういん》。このときの大阪桐蔭《おおさかとういん》は、1学年上《がくねんうえ》に「高校《こうこう》No《ナンバー》.1《ワン》投手《とうしゅ》」といわれた辻内崇伸投手《つじうちたかのぶとうしゅ》（元《もと》・巨人《きょじん》）と「高校《こうこう》No《ナンバー》.1《ワン》スラッガー（強打者《きょうだしゃ》）」といわれた平田良介選手《ひらたりょうすけせんしゅ》（現《げん》・中日《ちゅうにち》）が、1学年下《がくねんした》には「怪物《かいぶつ》1年生《ねんせい》」といわれた中田翔選手《なかたしょうせんしゅ》（現《げん》・日本《にっぽん》ハム）がいる、全国優勝《ぜんこくゆうしょう》をねらえる強豪《きょうごう》チームだった。そんな強敵《きょうてき》を6回《かい》まで0点《てん》におさえていた前田投手《まえだとうしゅ》だったが、6回《かい》の攻撃《こうげき》で右腕《みぎうで》にデッドボールを受《う》けるアクシデント。痛《いた》みをがまんしてマウンドにたったものの、球速《きゅうそく》はあきらかにおち、平田選手《ひらたせんしゅ》にホームランを打《う》たれて試合《しあい》にも敗《やぶ》れてしまう。

「おまえ、このままじゃ忘《わす》れられるぞ」

そんなことをいってくる人物《じんぶつ》もいた。負《ま》けん気《き》の強《つよ》い前田投手《まえだとうしゅ》は、２年秋《ねんあき》からこれまで以上《いじょう》にランニングの量《りょう》を増《ふ》やし、基礎練習《きそれんしゅう》をくりかえした。その成果《せいか》が実《みの》って、このころから一段《いちだん》と球速《きゅうそく》がアップ！　投《な》げる球《たま》は変《か》わらずストレートとカーブの２種類《しゅるい》だけだったが、これまで以上《いじょう》に「球《たま》の質《しつ》」にこだわるようになった。結果《けっか》が出《で》ない毎日《まいにち》が前田投手《まえだとうしゅ》をさらに成長《せいちょう》させ、３年春《ねんはる》のセンバツ大会《たいかい》でやっと甲子園《こうしえん》に帰《かえ》ってくることができたのだ。

「僕《ぼく》はまだ全盛期《ぜんせいき》じゃない」

２００６年春《ねんはる》、第《だい》78回《かい》センバツ大会《たいかい》に出場《しゅつじょう》した前田投手《まえだとうしゅ》は、これまでのうっぷんを晴《は》らすかのように、すさまじい投球《とうきゅう》をみせた。１回戦《かいせん》では16個《こ》の三振《さんしん》を記録《きろく》し、完投勝利《かんとうしょうり》。２回戦《かいせん》では完封《かんぷう》、３回戦《かいせん》も完投《かんとう》と、「３試合連続完投勝利《しあいれんぞくかんとうしょうり》」で「ＰＬ《ピーエル》のエース」としての意《い》地《じ》を見《み》せたのだ。つかれがたまった準決勝《じゅんけっしょう》では打《う》たれてしまい、決勝進出《けっしょうしんしゅつ》はならなかったが、全国《ぜんこく》ベスト４《フォー》の成績《せいせき》は胸《むね》をはれるものだった。とくに、４試合《しあい》を投《な》げてフォアボール２個《こ》というコントロールのよさは高校生《こうこうせい》としては別格《べっかく》だった。

さいごの夏《なつ》の大会《たいかい》では甲子園《こうしえん》にでられなかった前田投手《まえだとうしゅ》。それでも、センバツ大会《たいかい》での好投《こうとう》が評価《ひょうか》され、プロ野球《やきゅう》の広島《ひろしま》に入団《にゅうだん》。念願《ねんがん》だったプロ野球選手《やきゅうせんしゅ》になった。

そんな前田投手《まえだとうしゅ》がプロ入り後《ご》によく口《くち》にするフレーズがある。それが、「僕《ぼく》はまだ全盛《ぜんせい》期《き》じゃない」だ。「いまが全盛期《ぜんせいき》」という考《かんが》えではそこで成長《せいちょう》がとまってしまう。投手《とうしゅ》としてもっともっと成長《せいちょう》するため、いつも「自分《じぶん》はまだまだ」といいきかせることで、プロに入《はい》ってからもステップアップをかさね、ついにメジャーリーガーにまでなったのだ。

高校時代《こうこうじだい》に140キロだったストレートは150キロを超《こ》え、カーブだけだった変化球《へんかきゅう》もいまではスライダーが一番《ばん》の武器《ぶき》になった。つねに進歩《しんぽ》しつづける前田投手《まえだとうしゅ》のことを「桑田《くわた》2世《せい》」と呼《よ》ぶひとはもういない。気《き》がつけば「日本《にほん》のエース・マエケン」と呼《よ》ばれるようになった。

挑戦《ちょうせん》をつづけ、成長《せいちょう》を止《と》めない男《おとこ》は、いつか「世界《せかい》のマエケン」と呼《よ》ばれるはずだ。

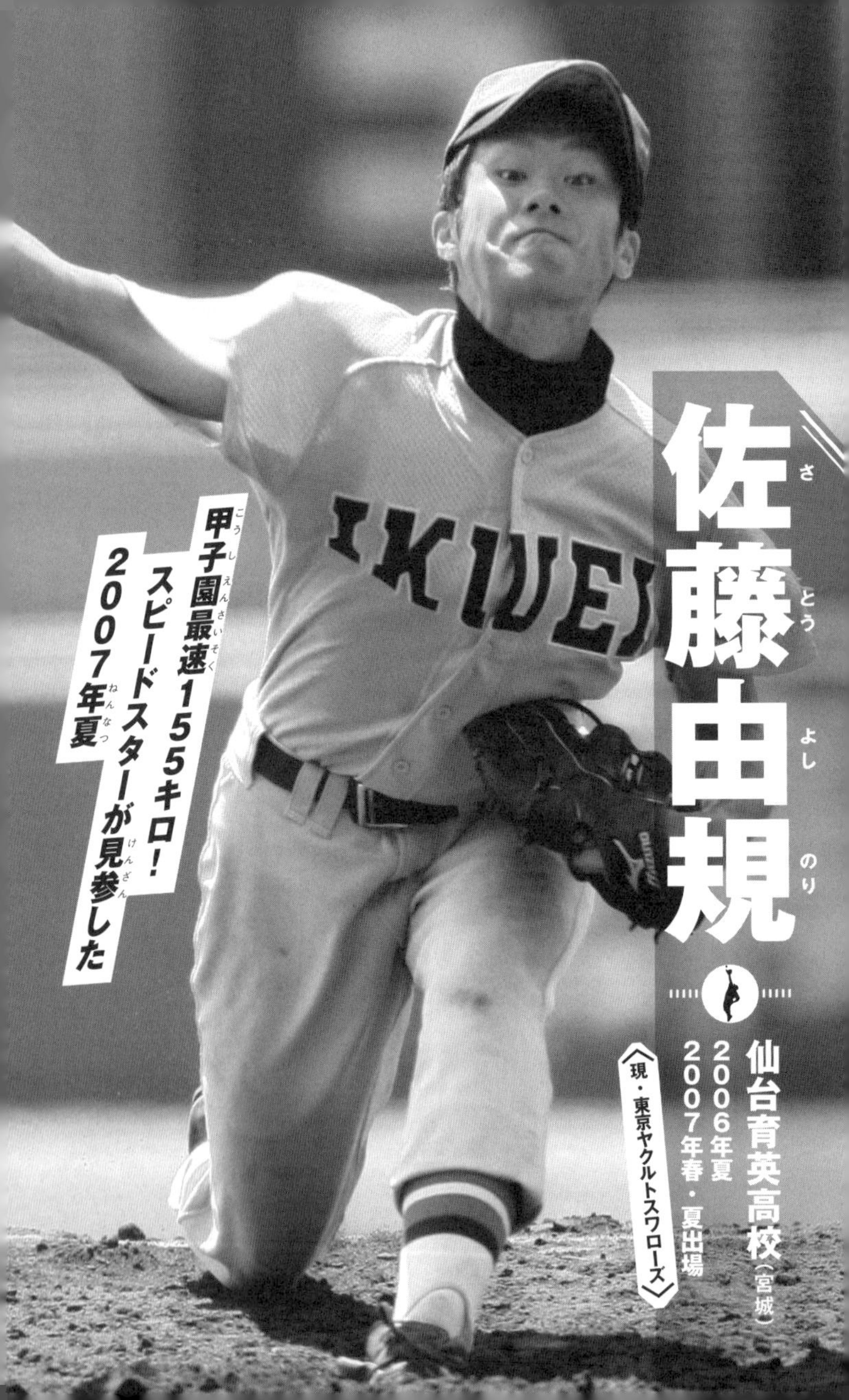

佐《さ》藤《とう》由《よし》規《のり》

仙台育英高校（宮城）
2006年夏
2007年春・夏出場
〈現・東京ヤクルトスワローズ〉

甲子園《こうしえん》最速《さいそく》155キロ！
スピードスターが見参《けんざん》した
2007年夏《ねんなつ》

控《ひか》えの内野手《ないやしゅ》から、甲子園最速投手《こうしえんさいそくとうしゅ》へ

「155キロ！　甲子園最速《こうしえんさいそく》ぅー!!」

2007年夏《ねんなつ》、仙台育英《せんだいいくえい》のエース、佐藤由規投手《さとうよしのりとうしゅ》が投《な》げた球《たま》は、甲子園大会《こうしえんたいかい》では史上初《しじょうはつ》となる「155キロ」を記録《きろく》。テレビの実況《じっきょう》アナウンサーはおどろきながら声《こえ》をはりあげ、そのすごさを伝《つた》えた。

速《はや》い球《たま》を投《な》げられるかどうかは、努力《どりょく》だけでなく才能《さいのう》も必要《ひつよう》、といわれる。だが、由規《よしのり》投手《とうしゅ》は足《あし》も遅《おそ》いし、身体能力《しんたいのうりょく》もけっして高《たか》くはなかった。中学時代《ちゅうがくじだい》の球速《きゅうそく》は125キロ程《てい》度《ど》。高校《こうこう》に入学《にゅうがく》したばかりのころは控《ひか》えの内野手《ないやしゅ》だった。そんな選手《せんしゅ》が、3年間《ねんかん》で30キロも速《はや》い球《たま》を投《な》げられるようになったのだ。

「投手《とうしゅ》はムリだから、野手《やしゅ》になろう」

由規投手《よしのりとうしゅ》は中学《ちゅうがく》1年《ねん》の夏《なつ》、リトルリーグ日本代表《にほんだいひょう》に選《えら》ばれ、世界大会《せかいたいかい》では準優勝《じゅんゆうしょう》。自分《じぶん》自身《じしん》もノーヒットノーランを達成《たっせい》するなど、将来《しょうらい》を大《おお》きく期待《きたい》された投手《とうしゅ》だった。

中学卒業後《ちゅうがくそつぎょうご》、地元《じもと》・宮城県仙台市《みやぎけんせんだいし》の強豪校《きょうごうこう》、仙台育英《せんだいいくえい》に進学《しんがく》。だが、高校入学前《こうこうにゅうがくまえ》のはじめての合同練習《ごうどうれんしゅう》では、あまりのレベルの高《たか》さにひとりだけ練習《れんしゅう》についていけなかった。

「投手《とうしゅ》はムリだから、野手《やしゅ》になろう」

そう思《おも》った由規投手《よしのりとうしゅ》はさいしょ、内野手《ないやしゅ》としての道《みち》を歩《あゆ》みはじめた。きびしい練習《れんしゅう》についていけるようになると、１年夏《ねんなつ》の大会《たいかい》はサードの控《ひか》えとしてベンチ入《い》りすることもできた。

ところが、１年《ねん》の秋《あき》に思《おも》わぬ転機《てんき》がおとずれる。仙台育英《せんだいいくえい》とともに宮城県《みやぎけん》を代表《だいひょう》する強豪校《きょうごうこう》、東北《とうほく》との試合前《しあいまえ》にエースがケガをしてしまい、由規投手《よしのりとうしゅ》が投《な》げることになったのだ。

そしてこの試合《しあい》で、由規投手《よしのりとうしゅ》は１４０キロ台《だい》のストレートを連発《れんぱつ》。完封勝利《かんぷうしょうり》をおさめてしまう。この結果《けっか》には、敵《てき》チームだけでなく味方《みかた》もおどろくばかりだった。

エースの意地《いじ》を見《み》せた「決勝《けっしょう》２試合連続完投《しあいれんぞくかんとう》」

冬《ふゆ》を越《こ》え、春《はる》になると、エースナンバー「１」は由規投手《よしのりとうしゅ》のものになっていた。だが、まだまだエースとしての自覚《じかく》がたりなかった。

２００６年《ねん》、２年生春《ねんせいはる》の東北大会決勝戦《とうほくたいかいけっしょうせん》で由規投手《よしのりとうしゅ》は5回《かい》までに13失点《しってん》。チームも４対《たい》24という信《しん》じられない大敗《たいはい》をしてしまう。だが、この試合《しあい》が大《おお》きな転機《てんき》になった。

「どんなに打《う》たれてもいいから、おまえの好《す》きな球《たま》を投《な》げろ」

打《う》たれても自分《じぶん》を信頼《しんらい》してくれた先輩《せんぱい》からの言葉《ことば》がなによりもうれしかった。そして、あらためて「エース」として投《な》げることの責任感《せきにんかん》を学《まな》んだのだ。負《ま》けたことでチームの信《しん》頼関係《らいかんけい》が生《う》まれ、由規投手《よしのりとうしゅ》も本当《ほんとう》の意味《いみ》でチームのエースになった。

２ヶ月後《げつご》、甲子園出場《こうしえんしゅつじょう》をかけた宮城大会決勝《みやぎたいかいけっしょう》、ライバル・東北《とうほく》との対戦《たいせん》は、まさにエースの意地《いじ》がためされる試合《しあい》となった。０対《たい》０の投手戦《とうしゅせん》となった試合《しあい》は延長《えんちょう》へ。由規投手《よしのりとうしゅ》は延長《えんちょう》14回《かい》までわずか1安打《あんだ》しか打《う》たれない好投《こうとう》をみせた。延長《えんちょう》15回《かい》の２アウト満塁《まんるい》というピンチにも耐《た》え、引《ひ》き分《わ》け再試合《さいしあい》に。由規投手《よしのりとうしゅ》はエースとして、15回《かい》２２６球《きゅう》をひとりで投《な》げきったのだ。

翌日《よくじつ》の再試合《さいしあい》でも由規投手《よしのりとうしゅ》は完投《かんとう》。６対《たい》２で勝利《しょうり》をおさめ、甲子園出場《こうしえんしゅつじょう》をきめた。２日《か》間《かん》24イニングをひとりで投《な》げきった由規投手《よしのりとうしゅ》。入学当時《にゅうがくとうじ》の、練習《れんしゅう》についていけなかった少《しょう》年《ねん》の姿《すがた》はどこにもなく、球速《きゅうそく》は１４７キロとまた速《はや》くなっていた。

骨折《こっせつ》をしても……どんな状況《じょうきょう》でもマウンドにたつのがエース

甲子園《こうしえん》でも、由規投手《よしのりとうしゅ》の剛速球《ごうそっきゅう》はエンジン全開《ぜんかい》。２００６年《ねん》、第《だい》88回夏《かいなつ》の甲子園大会《こうしえんたいかい》の1回戦《かいせん》でいきなり11個《こ》の三振《さんしん》を記録《きろく》。つぎの2回戦《かいせん》、試合《しあい》には負《ま》けたものの、三振《さんしん》は14個《こ》。さらに甲子園《こうしえん》でも１４５キロを記録《きろく》し、全国《ぜんこく》にその名《な》を知《し》らしめることとなった。

２００７年春《ねんはる》、第《だい》79回《かい》センバツ大会《たいかい》では、思《おも》わぬトラブルがあった。試合《しあい》1週間前《しゅうかんまえ》の練習試合《れんしゅうじあい》でデッドボールがあたり、左手《ひだりて》を骨折《こっせつ》してしまったのだ。だが、由規投手《よしのりとうしゅ》はエースとして、痛《いた》みをこらえながらマウンドに登《のぼ》った。14個《こ》の三振《さんしん》をうばい、ストレートは１５０キロを記録《きろく》。1対《たい》2で試合《しあい》には負《ま》けてしまったものの、どんな状況《じょうきょう》でも言《い》い訳《わけ》をせずにマウンドにたつのがエース、という責任感《せきにんかん》がより強《つよ》くなる試合《しあい》となった。

甲子園球場《こうしえんきゅうじょう》が大歓声《だいかんせい》でわいた「155キロ」

２００７年夏《ねんなつ》、由規投手《よしのりとうしゅ》は「大会《たいかい》No.《ナンバー》1《ワン》投手《とうしゅ》」として甲子園《こうしえん》にもどってきた。1回戦《かいせん》の智弁和歌山戦《ちべんわかやません》は4対《たい》2で勝利《しょうり》。１５０キロを超《こ》える球《たま》を連発《れんぱつ》し、毎回記録《まいかいきろく》した三振《さんしん》の数《かず》は17個《こ》。さいごの打者《だしゃ》は手《て》をだすこともできず、ただボールを見送《みおく》るしかなかった。

　つづく2回戦《かいせん》、智弁学園《ちべんがくえん》との試合《しあい》で甲子園《こうしえん》に伝説《でんせつ》が生《う》まれた。4回裏《かいうら》、カウント1ボール2ストライクから由規投手《よしのりとうしゅ》が投《な》げた球《たま》は、まるでうきあがるように捕手《ほしゅ》のミットにつきささった。スコアボードに「１５５キロ」と表示《ひょうじ》された瞬間《しゅんかん》、甲子園球場《こうしえんきゅうじょう》には「うおおおおお」という大歓声《だいかんせい》がひびきわたった。試合《しあい》には敗《やぶ》れてしまったものの、高校野球《こうこうやきゅう》の歴史《れきし》にたしかな足跡《そくせき》をのこしたのだ。２０１３年《ねん》、済美《さいび》の安楽智大投手《あんらくともひろとうしゅ》も１５５キロを投《な》げて並《なら》んだが、２０１６年現在《ねんげんざい》、甲子園球場《こうしえんきゅうじょう》でこの記録《きろく》を超《こ》えた高校生投手《こうこうせいとうしゅ》はいない。

　卒業後《そつぎょうご》、由規投手《よしのりとうしゅ》はプロ野球《やきゅう》、ヤクルトに入団《にゅうだん》。２０１０年《ねん》には当時《とうじ》の日本人最速《にほんじんさいそく》となる１６１キロを記録《きろく》した。大事《だいじ》な右腕《みぎうで》を手術《しゅじゅつ》するなどケガで苦《くる》しんでいる由規投手《よしのりとうしゅ》だが、ファンはいまでも「スピードスター」由規投手《よしのりとうしゅ》の復活《ふっかつ》を期待《きたい》しつづけている。

菊《きく》池《ち》雄《ゆう》星《せい》

花巻東高校（岩手）
2007年夏
2009年春・夏出場
〈現・埼玉西武ライオンズ〉

岩手《いわて》だって勝《か》てるんだ！
故郷《こきょう》のほこりをかけて
準優勝《じゅんゆうしょう》にかがやいた豪腕《ごうわん》

「岩手《いわて》からプロ野球《やきゅう》の世界《せかい》にいきたい」

岩手《いわて》は弱《よわ》い。東北《とうほく》の野球《やきゅう》はレベルが低《ひく》い……。高校野球《こうこうやきゅう》におけるそんな「常識《じょうしき》」を変《か》えたいと練習《れんしゅう》をかさね、結果《けっか》をのこしたのが花巻東《はなまきひがし》の左腕《さわん》エース、菊池雄星投手《きくちゆうせいとうしゅ》だ。

岩手県出身《いわてけんしゅっしん》の雄星投手《ゆうせいとうしゅ》は、小《しょう》・中学生《ちゅうがくせい》のとき、全国大会《ぜんこくたいかい》に出場《しゅつじょう》したことで、「力《ちから》の差《さ》なんてない」ということを理解《りかい》していた。だからこそ、県外《けんがい》の野球強豪校《やきゅうきょうごうこう》から誘《さそ》いがあっても、「岩手《いわて》で生《う》まれ育《そだ》ったから、岩手《いわて》を変《か》えたい。岩手《いわて》からプロ野球《やきゅう》の世界《せかい》にいきたい」と、岩手県《いわてけん》の強豪《きょうごう》、花巻東《はなまきひがし》に入学《にゅうがく》した。**「甲子園《こうしえん》で勝《か》ちたいなら県外《けんがい》にいけばよかったのに」といわれたこともあった。だが、そのたびに「いまに見《み》てろよ！」と燃《も》えた**雄星投手《ゆうせいとうしゅ》は、いつしか「岩手《いわて》の星《ほし》」「岩手《いわて》のほこり」といわれるようになった。

デビューの場面《ばめん》は「ノーアウト満塁《まんるい》」の大《だい》ピンチ

雄星投手《ゆうせいとうしゅ》は小《ちい》さなころから、目標《もくひょう》を見《み》つけると達成《たっせい》するために必要《ひつよう》なことを考《かんが》え、努力《どりょく》ができる野球少年《やきゅうしょうねん》だった。たとえば、「プロになれるのは全国《ぜんこく》の同級生《どうきゅうせい》の中《なか》で約《やく》50人《にん》。全《ぜん》国《こく》で50人《にん》ということは、岩手《いわて》の野球少年《やきゅうしょうねん》の中《なか》でいちばんの練習《れんしゅう》をしなければならない」。そう考《かんが》えた雄星投手《ゆうせいとうしゅ》は中学時代《ちゅうがくじだい》、チーム練習以外《れんしゅういがい》にも毎日《まいにち》5時間以上《じかんいじょう》の自主練習《じしゅれんしゅう》をつづけた。そのおかげで、中学生《ちゅうがくせい》のさいごの1年《ねん》で、球速《きゅうそく》が15キロも速《はや》くなった。

2007年《ねん》、花巻東《はなまきひがし》に入学《にゅうがく》すると、さっそく実力《じつりょく》をためす場面《ばめん》がやってきた。甲子園出場《こうしえんしゅつじょう》をかけた岩手大会《いわてたいかい》3回戦《かいせん》、2回《かい》ノーアウト満塁《まんるい》という大《だい》ピンチでいきなりマウンドをまかされたのだ。1年生《ねんせい》でも、チームや監督《かんとく》からの信頼《しんらい》はすでにエース級《きゅう》だった。

このピンチをスクイズの1点《てん》で切《き》り抜《ぬ》けた雄星投手《ゆうせいとうしゅ》は9回《かい》まで投《な》げきり、チームも逆転《ぎゃくてん》勝利《しょうり》。試合後《しあいご》、「花巻東《はなまきひがし》にすごい1年生左腕《ねんせいさわん》がいる」と一気《いっき》に注目《ちゅうもく》を集《あつ》める存在《そんざい》となった。

そのまま岩手大会《いわてたいかい》を勝《か》ち抜《ぬ》いた花巻東《はなまきひがし》は、第《だい》89回夏《かいなつ》の甲子園大会《こうしえんたいかい》に出場《しゅつじょう》。雄星投手《ゆうせいとうしゅ》は1回戦《かいせん》の新潟明訓戦《にいがためいくんせん》で5回《かい》からリリーフ登板《とうばん》。1点《てん》をとられて負《ま》け投手《とうしゅ》になってしまったものの、ストレートは145キロを記録《きろく》した。1年生《ねんせい》とは思《おも》えない投《な》げっぷりで、はやくも全国《ぜんこく》にその名《な》が知《し》れわたることとなった。

自分《じぶん》を見《み》つめなおすためのインターネットチェック

1年《ねん》の夏《なつ》から甲子園《こうしえん》で活躍《かつやく》した雄星投手《ゆうせいとうしゅ》。ところが、1年秋《ねんあき》の岩手大会《いわてたいかい》ではまさかの1回戦負《かいせんま》け。甲子園出場《こうしえんしゅつじょう》という天国《てんごく》から、一気《いっき》に地獄《じごく》におちたような気持《きも》ちになった。2年生《ねんせい》になっても調子《ちょうし》はなかなかもどらず、岩手大会《いわてたいかい》を勝《か》ちあがることはできなかった。

そんな苦《くる》しいときにこそ、自分《じぶん》を見《み》つめなおすことができるのが雄星投手《ゆうせいとうしゅ》の強《つよ》み。雄星投手《ゆうせいとうしゅ》は、あえてインターネットを見《み》て、自分《じぶん》がどんな評価《ひょうか》をされているかをチェックした。

雄星投手《ゆうせいとうしゅ》はそれまで「自分《じぶん》は1年《ねん》の夏《なつ》に甲子園《こうしえん》で145キロを投《な》げた。だから、きっとスピードを期待《きたい》されているはず」と考《かんが》えていた。そのために、もっと速《はや》い球《たま》を投《な》げようと考《かんが》え、結果《けっか》としてフォームを乱《みだ》していた。だが、インターネットに書《か》かれていた自分《じぶん》の評価《ひょうか》は「コントロールが悪《わる》い」「変化球《へんかきゅう》の曲《ま》がりかたが悪《わる》い」「投球《とうきゅう》のリズムが悪《わる》い」といったことばかり。誰《だれ》もスピードなんて気《き》にしていなかったのだ。こうして、自分《じぶん》の本当《ほんとう》の課題《かだい》を知《し》ることができた雄星投手《ゆうせいとうしゅ》は、少《すこ》しずつフォームのバランスをもどしていった。

「野球《やきゅう》がうまいだけの、中身《なかみ》のない人間《にんげん》にはなりたくない」

また、どんなに調子《ちょうし》が悪《わる》くても、雄星投手《ゆうせいとうしゅ》は体《からだ》と頭《あたま》のトレーニングを1日《にち》も休《やす》まなかった。練習《れんしゅう》や筋力《きんりょく》トレーニングはもちろんのこと、食《た》べることも体《からだ》のトレーニングのひとつ。ご飯《はん》を毎日《まいにち》10杯《ぱい》食《た》べることで、体重《たいじゅう》は入学《にゅうがく》したときと比《くら》べて15キロも増《ふ》えた。体重《たいじゅう》が増《ふ》えるとさらに筋力《きんりょく》もつき、球《たま》のスピードもさらに速《はや》くなっていった。

頭《あたま》のトレーニングは、毎日《まいにち》、野球日記《やきゅうにっき》をつけて自分《じぶん》を見《み》つめなおすこと。そして、毎日《まいにち》、本《ほん》を30ページ読《よ》むことを日課《にっか》にしていた。本《ほん》のジャンルは成功者《せいこうしゃ》の名言集《めいげんしゅう》やメンタルトレーニングの本《ほん》、ビジネス本《ぼん》などさまざま。1ヶ月《げつ》に10冊《さつ》は読《よ》んでいた雄星投手《ゆうせいとうしゅ》の寮《りょう》の部屋《へや》には、200～300冊《さつ》の本《ほん》が山積《やまづ》みになっていた。

本《ほん》を読《よ》むのは、読書《どくしょ》が好《す》きという理由《りゆう》だけでなく、**「野球《やきゅう》がうまいだけの、中身《なかみ》のない人間《にんげん》にはなりたくない」**と考《かんが》えていたからだ。雄星投手《ゆうせいとうしゅ》は読書《どくしょ》によって想像力《そうぞうりょく》や感性《かんせい》をみがき、それが結果的《けっかてき》に、野球《やきゅう》のプレーにもいい影響《えいきょう》を与《あた》えていた。こうして、地道《じみち》な努力《どりょく》で調子《ちょうし》をとりもどした雄星投手《ゆうせいとうしゅ》は、3年春《ねんはる》、久《ひさ》しぶりに甲子園《こうしえん》にもどってきたのだ。

「岩手《いわて》は弱《よわ》い」の評価《ひょうか》を見《み》かえした準優勝《じゅんゆうしょう》

2009年春《ねんはる》、第《だい》81回《かい》センバツ大会《たいかい》に出場《しゅつじょう》した雄星投手《ゆうせいとうしゅ》は、1回戦《かいせん》で12個《こ》の三振《さんしん》をうばい、2安打完封勝利《あんだかんぷうしょうり》。球速《きゅうそく》は自己新《じこしん》となる152キロを記録《きろく》した。花巻東《はなまきひがし》はセンバツ初出《はつしゅつ》場《じょう》で初勝利《はつしょうり》。そしてこれは、岩手県《いわてけん》の高校《こうこう》として25年《ねん》ぶりの勝利《しょうり》だった。

いきおいにのった雄星投手《ゆうせいとうしゅ》は2回戦《かいせん》で、のちにプロ野球《やきゅう》で活躍《かつやく》する今宮健太選手《いまみやけんたせんしゅ》（現《げん》・ソフトバンク）のいた大分《おおいた》の明豊《めいほう》と対戦《たいせん》し、三振《さんしん》12個《こ》で完封勝利《かんぷうしょうり》。つづく準々決勝《じゅんじゅんけっしょう》、準決《じゅんけつ》勝《しょう》にも勝利《しょうり》し、ついに優勝《ゆうしょう》をかけて決勝戦《けっしょうせん》に進出《しんしゅつ》した。

決勝戦《けっしょうせん》の相手《あいて》は、エース・今村猛投手《いまむらたけるとうしゅ》（現《げん》・広島《ひろしま》）のいる長崎《ながさき》の清峰《せいほう》。ともに超高校級《ちょうこうこうきゅう》といわれたふたりによる投手戦《とうしゅせん》となった。だが、雄星投手《ゆうせいとうしゅ》は7回《かい》に1点《てん》をうばわれ、0対《たい》1でおしくも敗戦《はいせん》。東北勢《とうほくぜい》として、春《はる》・夏《なつ》の甲子園大会《こうしえんたいかい》を通《つう》じて初《はじ》めての優勝《ゆうしょう》とはならなかった。それでも、この準優勝《じゅんゆうしょう》で「岩手《いわて》は弱《よわ》い」という評価《ひょうか》を見《み》かえすことができたのだ。

息《いき》をするのも苦《くる》しいほどのせなかの痛《いた》み

センバツ準優勝《じゅんゆうしょう》という結果《けっか》を受《う》けて、花巻東《はなまきひがし》に対《たい》する夏《なつ》の大会《たいかい》への期待《きたい》はますます高《たか》まっていった。さいごの夏《なつ》、雄星投手《ゆうせいとうしゅ》はその期待《きたい》にこたえ、岩手大会《いわてたいかい》を勝《か》ちあがって第《だい》91回《かい》夏《なつ》の甲子園大会《こうしえんたいかい》に出場《しゅつじょう》。その初戦《しょせん》で、いきなり153キロを投《な》げて甲子園球場《こうしえんきゅうじょう》のファンをおどろかせた。岩手県《いわてけん》の高校《こうこう》として41年《ねん》ぶりの夏《なつ》ベスト8進出《しんしゅつ》をきめた試合《しあい》では、自己最《じこさい》速《そく》の154キロを記録《きろく》。東北勢初優勝《とうほくぜいはつゆうしょう》への期待《きたい》と「雄星《ゆうせい》フィーバー」はますます高《たか》まっていった。

優勝《ゆうしょう》まであと3つ。だが、ここで雄星投手《ゆうせいとうしゅ》に悲劇《ひげき》がおこる。準々決勝《じゅんじゅんけっしょう》の明豊戦《めいほうせん》の試合中《しあいちゅう》、雄星投手《ゆうせいとうしゅ》のせなかに、息《いき》をするのも苦《くる》しいほどの強《つよ》い痛《いた》みがおそったのだ。

エースの突然《とつぜん》の交代《こうたい》で、試合《しあい》の流《なが》れは一気《いっき》に明豊《めいほう》へ。雄星投手《ゆうせいとうしゅ》がマウンドを降《お》りるまでは4対《たい》1でリードしていた花巻東《はなまきひがし》だったが、8回裏《かいうら》に4対《たい》6と逆転《ぎゃくてん》を許《ゆる》した。だが、痛《いた》みをこらえてベンチからゲキを飛《と》ばした雄星投手《ゆうせいとうしゅ》の祈《いの》りが伝《つた》わったのか、9回表《かいおもて》に同点《どうてん》に追《お》いつくと、延長《えんちょう》10回表《かいおもて》には勝《か》ちこし。そのまま、7対《たい》6で花巻東《はなまきひがし》が逆転勝利《ぎゃくてんしょうり》をおさめた。

「人生《じんせい》さいごの日《ひ》だと思《おも》って投《な》げる」

優勝《ゆうしょう》まであと2つ。いよいよ準決勝《じゅんけっしょう》へ。だが、1日休《にちやす》んでも雄星投手《ゆうせいとうしゅ》のせなかの痛《いた》みはとれなかった。それもそのはず、じつはろっ骨《こつ》が折《お》れていた。剛速球《ごうそっきゅう》を投《な》げるための腰《こし》のはげしい回転《かいてん》が、体《からだ》にダメージを与《あた》えていたのだ。

「こわれてもいい。人生《じんせい》さいごの日《ひ》だと思《おも》って投《な》げる」

そう決意《けつい》して準決勝《じゅんけっしょう》に出場《しゅつじょう》した雄星投手《ゆうせいとうしゅ》。だが、試合《しあい》ではたったの11球《きゅう》しか投《な》げられなかった。痛《いた》み止《ど》めの注射《ちゅうしゃ》を10本《ぽん》打《う》っても、自慢《じまん》のストレートは139キロ。この大会《たいかい》で優勝《ゆうしょう》することになる中京大中京《ちゅうきょうだいちゅうきょう》の強力打線《きょうりょくだせん》にはとても通用《つうよう》しなかった。試合《しあい》は1対《たい》11で敗戦《はいせん》。

こうして、雄星投手《ゆうせいとうしゅ》と花巻東《はなまきひがし》の挑戦《ちょうせん》は終《お》わった。

だが、雄星投手《ゆうせいとうしゅ》のあきらめない姿《すがた》は、岩手県民《いわてけんみん》と東北《とうほく》の野球人《やきゅうじん》に大《おお》きな感動《かんどう》を与《あた》えた。

そんな雄星投手《ゆうせいとうしゅ》にあこがれ、翌年《よくねん》、花巻東《はなまきひがし》に入学《にゅうがく》したのが、プロでも「二刀流《にとうりゅう》」として活躍《かつやく》する大谷翔平選手《おおたにしょうへいせんしゅ》（現《げん》・日本《にっぽん》ハム）だ。球児《きゅうじ》たちの物語《ものがたり》はこうしてつづいていく――。

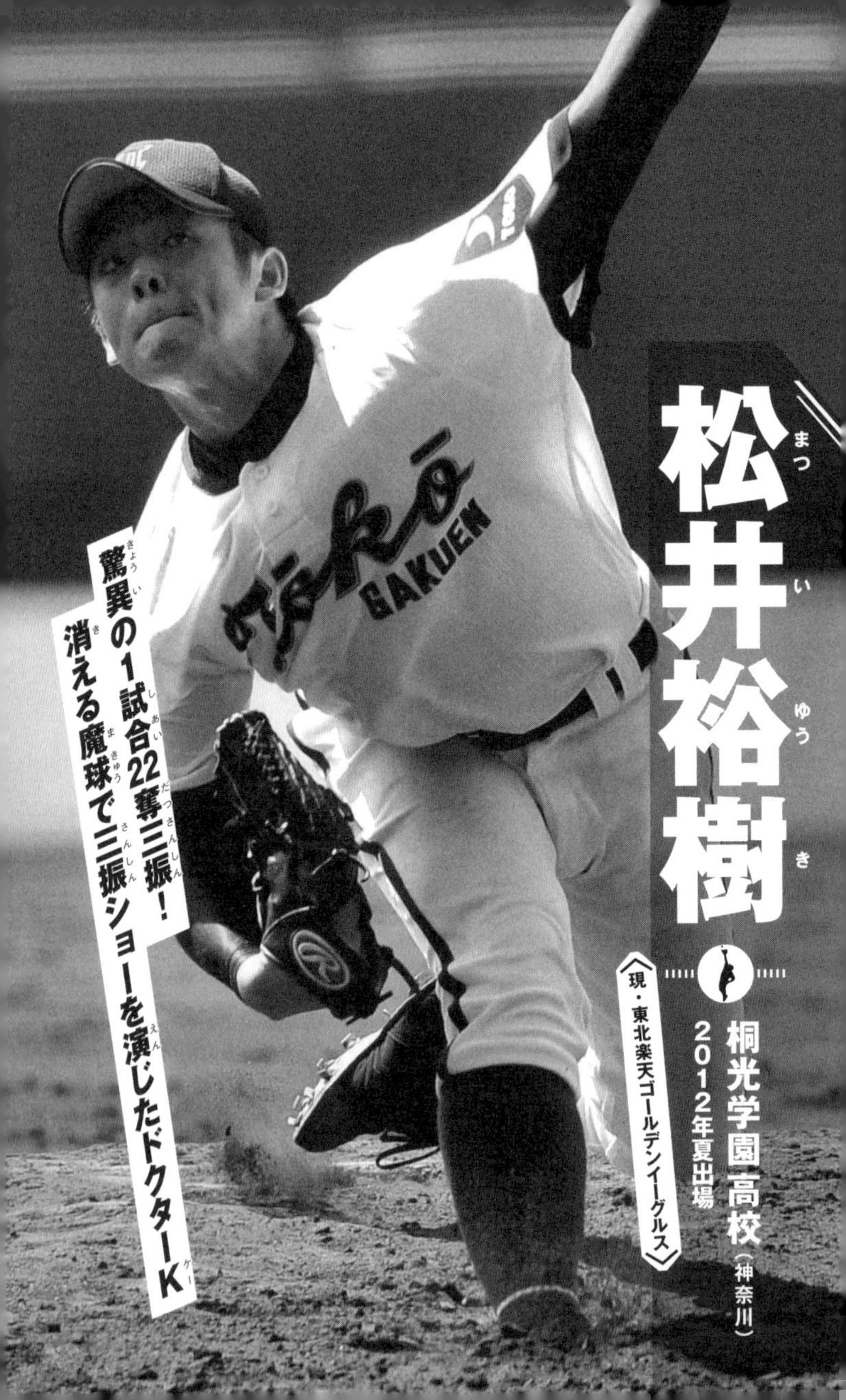

松《まつ》井《い》裕《ゆう》樹《き》

桐光学園高校（神奈川）
2012年夏出場
〈現・東北楽天ゴールデンイーグルス〉

驚《きょう》異《い》の1試《し》合《あい》22奪《だつ》三《さん》振《しん》！
消《き》える魔《ま》球《きゅう》で三《さん》振《しん》ショーを演《えん》じたドクターK《ケー》

伝説《でんせつ》の三振《さんしん》ショーを演《えん》じた「神奈川《かながわ》のドクターK《ケー》」

「ドクターK《ケー》」。それは、三振《さんしん》が得意《とくい》な投手《とうしゅ》だけに許《ゆる》される、特別《とくべつ》なニックネームだ。「K《ケー》」は三振《さんしん》のこと（野球《やきゅう》のスコアブックで三振《さんしん》を「K《ケー》」と表記《ひょうき》するため）。「ドクター」は「医者《いしゃ》」の意味《いみ》のほかに、「専門家《せんもんか》」「その道《みち》の権威《けんい》」といった使《つか》いかたをすることがある。つまり、「ドクターK《ケー》」とは「三振《さんしん》の専門家《せんもんか》」を意味《いみ》しているのだ。

高校野球《こうこうやきゅう》の長《なが》い歴史《れきし》の中《なか》で、とくに三振《さんしん》の数《かず》で目《め》だった選手《せんしゅ》が桐光学園《とうこうがくえん》の松井裕樹投手《まついゆうきとうしゅ》だ。**甲子園《こうしえん》で伝説《でんせつ》にのこる三振《さんしん》ショーを見《み》せ、「1試合《しあい》22奪三振《だつさんしん》」という新記録《しんきろく》を達成《たっせい》した松井投手《まついとうしゅ》は、「神奈川《かながわ》のドクターK《ケー》」と呼《よ》ばれた。**

プロもみとめた「対応力《たいおうりょく》の高《たか》さ」

中学生《ちゅうがくせい》のころ、松井投手《まついとうしゅ》の背番号《せばんごう》はエースがつける「1」ではなく、「10」だった。ほかにもいい投手《とうしゅ》がいたから、という理由《りゆう》だけでなく、当時《とうじ》の松井投手《まついとうしゅ》はコントロールに課題《かだい》があり、安定感《あんていかん》にかけていたからだった。

そんな松井《まつい》投手《とうしゅ》のことを、はやくから「天才《てんさい》！」とみとめる人物《じんぶつ》がいた。巨人《きょじん》の内海哲也《うつみてつや》投手《とうしゅ》や山口鉄也《やまぐちてつや》投手《とうしゅ》、DeNA《ディー・エヌ・エー》の三浦大輔《みうらだいすけ》投手《とうしゅ》らの一流投手《いちりゅうとうしゅ》を育《そだ》て、「名《めい》コーチ」といわれた小谷正勝《こたにただかつ》さん（現《げん》・ロッテ投手《とうしゅ》コーチ）だ。家《いえ》が近所《きんじょ》だからという理由《りゆう》で、松井投手《まついとうしゅ》のシニアチームでもたまに教《おし》えてくれていた。そんな名《めい》コーチが松井投手《まついとうしゅ》のどこを評価《ひょうか》したのか？　それは、教《おし》えたことをすぐに自分《じぶん》のものにしてしまう「対応力《たいおうりょく》の高《たか》さ」だった。

レベルの高《たか》い環境《かんきょう》で野球《やきゅう》にとりくんだ松井投手《まついとうしゅ》は2年秋《ねんあき》ごろからチームの主力投手《しゅりょくとうしゅ》に成長《せいちょう》。中学《ちゅうがく》3年生《ねんせい》では全国優勝《ぜんこくゆうしょう》も経験《けいけん》し、高校入学前《こうこうにゅうがくまえ》から注目《ちゅうもく》される投手《とうしゅ》となった。

「消《き》える魔球《まきゅう》」スライダー

高校《こうこう》は地元《じもと》の強豪校《きょうごうこう》、桐光学園《とうこうがくえん》に進学《しんがく》。すぐに試合《しあい》でも投《な》げるチャンスをもらったが、中学《ちゅうがく》まで武器《ぶき》だったストレートとカーブだけでは、高校《こうこう》の強豪《きょうごう》チームには打《う》たれてしまった。

そこで投《な》げはじめるようになったのがスライダーだ。そして、松井投手《まついとうしゅ》は持《も》ち前《まえ》の対応《たいおう》力《りょく》の高《たか》さですぐにスライダーをマスターしてしまう。しかも、対戦《たいせん》した打者《だしゃ》が「消《き》える魔球《まきゅう》」と呼《よ》ぶほど、大《おお》きく鋭《するど》い曲《ま》がりかたをした。高校生《こうこうせい》でそんなすごいスライダーを投《な》げるのは、あの田中将大投手《たなかまさひろとうしゅ》（現《げん》・ヤンキース）以来《いらい》とまでいわれた。

また、中学時代《ちゅうがくじだい》に課題《かだい》だったコントロールも、下半身《かはんしん》をきたえることで少《すこ》しずつ安定《あんてい》。ときには、体操《たいそう》で使《つか》う平均台《へいきんだい》の上《うえ》で投球練習《とうきゅうれんしゅう》をして、バランス感覚《かんかく》と正《ただ》しいフォームを身《み》につけていった。こうして成長《せいちょう》した松井投手《まついとうしゅ》は、2年夏《ねんなつ》、全国《ぜんこく》でもっとも参加校《さんかこう》が多《おお》く、強豪校《きょうごうこう》も多《おお》い激戦区《げきせんく》・神奈川《かながわ》を勝《か》ちあがり、甲子園出場《こうしえんしゅつじょう》の切符《きっぷ》を手《て》にしたのだ。

「1試合《しあい》22奪三振《だつさんしん》」&「10者連続三振《しゃれんぞくさんしん》」

2012年《ねん》8月《がつ》9日《か》。第《だい》94回夏《かいなつ》の甲子園大会《こうしえんたいかい》1回戦《かいせん》、桐光学園《とうこうがくえん》対今治西《たいいまばりにし》の試合《しあい》で伝説《でんせつ》が生《う》まれた。先発《せんぱつ》した松井投手《まついとうしゅ》は1回《かい》と2回《かい》、いきなりアウト6つをすべて三振《さんしん》でうばう好《こう》スタート。ストレート、スライダー、カーブがおもしろいようにきまり、今治西《いまばりにし》の打者《だしゃ》はバットにあてることもなかなかできなかった。5回《かい》までにうばった三振《さんしん》は11個《こ》。ヒットはまだ1本《ぽん》も許《ゆる》していなかった。

6回表《かいおもて》、とうとうヒットを打《う》たれてしまい、ノーヒットノーランはならず。ところが、ヒットを打《う》たれたことで、かえって松井投手《まついとうしゅ》のやる気《き》に火《ひ》がついてしまった。アウトをひとつ記録《きろく》したあと、試合《しあい》が終《お》わるまですべてのアウトを三振《さんしん》でうばったのだ。7回《かい》、8回《かい》はともに3者連続三振《しゃれんぞくさんしん》。8回表《かいおもて》の3つめの三振《さんしん》で、それまでの甲子園大会記録《こうしえんたいかいきろく》だった「1試合《しあい》19奪三振《だつさんしん》」という数字《すうじ》に並《なら》ぶと、9回《かい》もアウトはすべて三振《さんしん》にきってとった。

この日《ひ》の松井投手《まついとうしゅ》は139球《きゅう》を投《な》げて許《ゆる》したヒットはたったの2本《ほん》。バットにあてられたアウトもたったの9度《ど》だけ。27個《こ》のアウトのうち三振《さんしん》が22個《こ》。もちろん大会新記録《たいかいしんきろく》だ。さらに、6回《かい》から9回《かい》にかけて記録《きろく》した「10者連続三振《しゃれんぞくさんしん》」は史上初《しじょうはつ》の記録《きろく》だった。

歴代《れきだい》3位《い》の「大会《たいかい》68奪三振《だつさんしん》」

この日《ひ》から、松井投手《まついとうしゅ》がどれだけの三振《さんしん》をうばうのかに日本中《にほんじゅう》が注目《ちゅうもく》するようになった。つぎの2回戦《かいせん》では19個《こ》と史上《しじょう》2位《い》タイの三振《さんしん》を記録《きろく》。「2試合連続毎回奪三振《しあいれんぞくまいかいだつさんしん》」は史上《しじょう》5人目《にんめ》のことだった。つぎの3回戦《かいせん》でも12個《こ》の三振《さんしん》。松井選手《まついせんしゅ》の三振《さんしん》ショーはつづいた。

もちろん、相手《あいて》チームも三振《さんしん》をしないようにと、さまざまな「松井対策《まついたいさく》」を考《かんが》えて試合《しあい》にいどんでいた。ある選手《せんしゅ》は「消《き》える魔球《まきゅう》」スライダーが曲《ま》がりきる前《まえ》にバットにあてようと、打《う》つ瞬間《しゅんかん》に前方《ぜんぽう》に移動《いどう》しながらバットをふった。それでも、対応力《たいおうりょく》が高《たか》い松井投手《まついとうしゅ》は、さらに打者《だしゃ》の前《まえ》でスライダーを変化《へんか》させたり、速《はや》いスライダーと少《すこ》し遅《おそ》いスライダーを投《な》げわけたりして、つぎからつぎへと三振《さんしん》の山《やま》をきずいていったのだ。

　だが、つづく準々決勝《じゅんじゅんけっしょう》は、3回戦《かいせん》の翌日《よくじつ》と日程《にってい》にめぐまれなかった。しかも、相手《あいて》は優勝候補《ゆうしょうこうほ》、青森《あおもり》の光星学院《こうせいがくいん》（現《げん》・八戸学院光星《はちのへがくいんこうせい》）だ。つかれのたまった松井投手《まついとうしゅ》の球《たま》にはキレがなく、0対《たい》3で試合《しあい》に敗《やぶ》れてしまう。それでも、松井投手《まついとうしゅ》はこの試合《しあい》で15個《こ》の三振《さんしん》を記録《きろく》。4試合連続《しあいれんぞく》2ケタ奪三振《だつさんしん》を記録《きろく》し、大会《たいかい》を通《とお》した三振《さんしん》の数《かず》は歴代《れきだい》3位《い》（左投手《ひだりとうしゅ》では歴代《れきだい》1位《い》）の「68個《こ》」に達《たっ》した。歴代《れきだい》1位《い》の「83個《こ》」（1958年《ねん》、徳島商《とくしましょう》・板東英二投手《ばんどうえいじとうしゅ》／元《もと》・中日《ちゅうにち》）は6試合《しあい》で記録《きろく》したもの。歴代《れきだい》2位《い》の「78個《こ》」（2006年《ねん》、早稲田実業《わせだじつぎょう》・斎藤佑樹投手《さいとうゆうきとうしゅ》／現《げん》・日本《にっぽん》ハム）は7試合《しあい》。しかも、どちらも延長戦《えんちょうせん》が含《ふく》まれていた。

　そう考《かんが》えると、4試合延長戦《しあいえんちょうせん》なしで68個《こ》という松井投手《まついとうしゅ》の三振数《さんしんすう》は、とんでもない記録《きろく》だった。

「打倒《だとう》松井《まつい》」と「省《しょう》エネ投法《とうほう》」

2年生《ねんせい》にして、「神奈川《かながわ》のドクターK《ケー》」として誰《だれ》もが注目《ちゅうもく》する存在《そんざい》になった松井投手《まついとうしゅ》。さいごの年《とし》の目標《もくひょう》は、もちろん全国優勝《ぜんこくゆうしょう》だ。だが、そのためには大《おお》きな課題《かだい》があった。「スタミナ」だ。打《う》たせれば1球《きゅう》でもアウトにできるが、三振《さんしん》でアウトをとるためには最《さい》低《てい》でも3球《きゅう》、つまり3倍《ばい》の球数《たまかず》が必要《ひつよう》になってしまうからだ。そこで松井投手《まついとうしゅ》は、少《すく》ない球数《たまかず》でも勝《か》つことができる「省《しょう》エネ投法《とうほう》」をめざした。

だが、結果的《けっかてき》にこの「省《しょう》エネ投法《とうほう》」が松井投手《まついとうしゅ》のよさを消《け》してしまった。1球《きゅう》1球《きゅう》、思《おも》いっきり腕《うで》をふって全力投球《ぜんりょくとうきゅう》する爆発力《ばくはつりょく》が、松井投手《まついとうしゅ》の一番《ばん》の武器《ぶき》だったからだ。

また、神奈川県《かながわけん》のすべての学校《がっこう》が「打倒松井《だとうまつい》」を合言葉《あいことば》に、松井投手《まついとうしゅ》を打《う》つための研究《けんきゅう》と対策《たいさく》をかさねた。その中《なか》でも最大《さいだい》のライバルといえる存在《そんざい》が、全国優勝《ぜんこくゆうしょう》5回《かい》の超名門校《ちょうめいもんこう》、横浜《よこはま》だ。横浜《よこはま》は松井投手《まついとうしゅ》を打《う》つために、約《やく》10メートルの距離《きょり》（本来《ほんらい》は18・44メートル）から、150キロ近《ちか》いストレートや速《はや》いスライダーを打《う》つ練習《れんしゅう》をくりかえしていた。

むかえたさいごの夏《なつ》、「打倒松井《だとうまつい》」に燃《も》える横浜《よこはま》と、「省《しょう》エネ投法《とうほう》」がうまくいかずに波《なみ》に乗《の》りきれない松井投手《まついとうしゅ》の対戦《たいせん》は、神奈川大会《かながわたいかい》の準々決勝《じゅんじゅんけっしょう》で実現《じつげん》。松井投手《まついとうしゅ》はこの試合《しあい》で、プロも注目《ちゅうもく》する強打者《きょうだしゃ》、高浜祐仁選手《たかはまゆうとせんしゅ》と浅間大基選手《あさまだいきせんしゅ》（ともに現《げん》・日本《にっぽん》ハム）にホームランを打《う》たれ、2対《たい》3で敗戦《はいせん》。2年連続《ねんれんぞく》での甲子園出場《こうしえんしゅつじょう》はならなかった。

「全国優勝《ぜんこくゆうしょう》」という目標達成《もくひょうたっせい》はかなわなかった松井投手《まついとうしゅ》。だが、野球選手《やきゅうせんしゅ》としての戦《たたか》いはまだまだこれからもつづく。高校卒業後《こうこうそつぎょうご》、松井投手《まついとうしゅ》はプロ野球《やきゅう》の楽天《らくてん》に入団《にゅうだん》。背番号《せばんごう》は高校時代《こうこうじだい》と同《おな》じ「1」を選《えら》んだ。プロの投手《とうしゅ》としてはめずらしい番号《ばんごう》だが、そこには、プロの世界《せかい》でこそ一番《ばん》になれるように、というこだわりとねがいがこめられていた。

プロ2年目《ねんめ》からは、試合《しあい》のさいごに短《みじか》いイニングを投《な》げる「クローザー」という、責任《せきにん》重大《じゅうだい》な役割《やくわり》をまかせられた松井投手《まついとうしゅ》。彼《かれ》の「すべて全力投球《ぜんりょくとうきゅう》」という持《も》ち味《あじ》を生《い》かせるのがクローザーだからだ。さっそくシーズンで結果《けっか》をのこし、日本代表《にほんだいひょう》にも選《えら》ばれている。

チームを一番《ばん》にするために、日本《にほん》で一番《ばん》すごい投手《とうしゅ》になるために。松井投手《まついとうしゅ》はこれからも「全力投球《ぜんりょくとうきゅう》」あるのみだ。

GAME 2

手《て》に汗《あせ》にぎる白熱《はくねつ》の攻防《こうぼう》に大興奮《だいこうふん》！

平成甲子園のレジェンドゲーム

高校野球《こうこうやきゅう》は監督同士《かんとくどうし》のかけひきもおもしろい！　横浜《よこはま》・渡辺元智監督《わたなべもとのりかんとく》、明徳義塾《めいとくぎじゅく》・馬淵史郎監督《まぶちしろうかんとく》、智弁和歌山《ちべんわかやま》・高嶋仁《たかしまひとし》監督《かんとく》、帝京《ていきょう》・前田三夫監督《まえだみつおかんとく》。日本《にほん》を代表《だいひょう》する4人《にん》の名監督《めいかんとく》。その直接対決《ちょくせつたいけつ》は、どれも伝説《でんせつ》にのこる名勝負《めいしょうぶ》となった。

横浜《よこはま》対明徳義塾《めいとくぎじゅく》（7-6）

（1998年夏《ねんなつ》・準決勝《じゅんけっしょう》）

春夏連覇《はるなつれんぱ》をめざす横浜《よこはま》と明徳義塾《めいとくぎじゅく》が対戦《たいせん》。試合《しあい》は8回表《かいおもて》を終《お》わって明徳義塾《めいとくぎじゅく》が6対《たい》0でリード。ところが、横浜《よこはま》は渡辺《わたなべ》監督《かんとく》のゲキでめざめ、4点《てん》を返《かえ》して2点《てん》差《さ》に。すると、前日《ぜんじつ》に250球《きゅう》を投《な》げ、この日《ひ》は投《な》げられないはずの横浜《よこはま》のエース、松坂大輔投手《まつざかだいすけとうしゅ》がマウンドにたち、球場《きゅうじょう》は「マツザカ」コール。松坂投手《まつざかとうしゅ》が9回表《かいおもて》を0点《てん》におさえ、勢《いきお》いにのった横浜《よこはま》は9回裏《かいうら》に3点《てん》を返《かえ》し、奇跡的《きせきてき》な逆転《ぎゃくてん》サヨナラ勝《か》ちをおさめた。

智弁和歌山《ちべんわかやま》対帝京《ていきょう》(13-12)

(2006年夏・準々決勝)

試合《しあい》は8対《たい》4、智弁和歌山《ちべんわかやま》が4点《てん》リードして最終回《さいしゅうかい》へ。あきらめない帝京《ていきょう》は9回表《かいおもて》、6連打《れんだ》で8点《てん》をあげ、8対《たい》12と大《だい》逆転《ぎゃくてん》！　これで勝負《しょうぶ》あったかと思《おも》いきや、その裏《うら》、智弁和歌山《ちべんわかやま》が5点《てん》を返《かえ》し、13対《たい》12で逆転《ぎゃくてん》サヨナラ勝利《しょうり》。帝京《ていきょう》は9回表《かいおもて》の攻撃《こうげき》で、逆転《ぎゃくてん》するために投手《とうしゅ》に代打《だいだ》を送《おく》っていたことが、さいごの守《まも》りで裏目《うらめ》にでてしまった。

明徳義塾《めいとくぎじゅく》対智弁和歌山《ちべんわかやま》(3-2)

(2014年春《ねんはる》・1回戦《かいせん》)

甲子園《こうしえん》での監督通算勝利数《かんとくつうさんしょうりすう》で歴代《れきだい》1位《い》の智弁和歌山《ちべんわかやま》・高嶋監督《たかしまかんとく》と、甲子園《こうしえん》の初《しょ》戦《せん》は20連勝《れんしょう》という記録《きろく》を持《も》つ明徳義塾《めいとくぎじゅく》・馬淵監督《まぶちかんとく》の対戦《たいせん》が1回戦《かいせん》で実現《じつげん》。

試合《しあい》は1対《たい》1の投手戦《とうしゅせん》で延長《えんちょう》に突入《とつにゅう》。延長《えんちょう》12回《かい》にはそれぞれが1点《てん》ずつうばい、さらに延長《えんちょう》がつづいていく。ここで決着《けっちゃく》がつかなければ引《ひ》き分《わ》け再試合《さいしあい》になるという延長《えんちょう》15回《かい》。表《おもて》の攻撃《こうげき》で智弁和歌山《ちべんわかやま》は2アウト満塁《まんるい》の大《だい》チャンスをむかえたが得点《とくてん》ならず。その裏《うら》、今度《こんど》は明徳義塾《めいとくぎじゅく》が1アウト満塁《まんるい》の大《だい》チャンス。ここで智弁《ちべん》和歌山《わかやま》の投手《とうしゅ》がまさかの大暴投《だいぼうとう》……。三塁《るい》ランナーがホームインし、激闘《げきとう》はあっけない結末《けつまつ》で終《お》わってしまった。

第3章

甲子園 強打者列伝

中《なか》田《た》翔《しょう》

大阪桐蔭高校（大阪）
2005年夏
2006年夏
2007年春出場
〈現・北海道日本ハムファイターズ〉

150キロ&150メートル！
打《う》っても投《な》げてもすごいモンスター選手《せんしゅ》

投《な》げては１５０キロ、打《う》っては１５０メートル

「モンスター」「けた外《はず》れ」「メジャー級《きゅう》」「20年《ねん》にひとりの逸材《いつざい》」……。テレビや雑誌《ざっし》は、さまざまな言葉《ことば》を使《つか》って彼《かれ》のすごさを伝《つた》えた。野球名門校《やきゅうめいもんこう》、大阪桐蔭《おおさかとういん》高校《こうこう》で「４番《ばん》・エース」として活躍《かつやく》した中田翔選手《なかたしょうせんしゅ》のことだ。

投《な》げては１５０キロの剛速球《ごうそっきゅう》。打《う》っては１５０メートル以上《いじょう》の特大《とくだい》ホームラン。そんな選手《せんしゅ》、それまでの高校野球《こうこうやきゅう》にはいなかったのだ。**ある試合《しあい》では「飛距離《ひきょり》１７０メートル」というプロ野球《やきゅう》でも見《み》られない特大《とくだい》ホームランを打《う》ち、スポーツ新聞《しんぶん》の一面《めん》を大《おお》きくかざった。**あるチームは、外野《がいや》を４人《にん》で守《まも》る「中田《なかた》シフト」（特別《とくべつ》な守備配置《しゅびはいち》）を用意《ようい》して戦《たたか》いを挑《いど》んできたこともあった。

高校生《こうこうせい》の場合《ばあい》、注目《ちゅうもく》をされると本来《ほんらい》の実力《じつりょく》がだせなくなることがある。だが、中田選手《なかたせんしゅ》は注目《ちゅうもく》されればされるほど大《おお》きな力《ちから》を発揮《はっき》することができた。つみあげたホームランの数《かず》は3年間《ねんかん》で87本《ほん》。当時《とうじ》の高校通算《こうこうつうさん》ホームラン数《すう》の新記録《しんきろく》だった。

日本代表《にほんだいひょう》でもエースで4番《ばん》&世界大会《せかいたいかい》MVP《エムブイピー》

中田選手《なかたせんしゅ》は、小《ちい》さなころから同級生《どうきゅうせい》ではなく、年上《としうえ》をライバルと考《かんが》えてプレーしていた。キャッチボールをするのでも、いつも先輩《せんぱい》とやりたがった。人一倍《ひといちばい》体《からだ》が大《おお》きく、なんでもできてしまう中田少年《なかたしょうねん》は、同級生《どうきゅうせい》のなかではいつも別格《べっかく》だったからだ。

野球《やきゅう》をはじめたころのポジションは捕手《ほしゅ》。小学《しょうがく》6年《ねん》からは投手《とうしゅ》としてもプレーするようになると、さらにその「別格感《べっかくかん》」が際《きわ》だっていった。中学《ちゅうがく》3年生《ねんせい》になると投《な》げる球《たま》は最速《さいそく》141キロを記録《きろく》。シニアの日本代表《にほんだいひょう》でもエースで4番《ばん》。投《な》げては5勝《しょう》、打《う》ってはホームラン4本《ほん》の大活躍《だいかつやく》で世界大会準優勝《せかいたいかいじゅんゆうしょう》の原動力《げんどうりょく》となった。その活躍《かつやく》ぶりから、普通《ふつう》は優勝《ゆうしょう》チームから選《えら》ばれることが多《おお》い大会《たいかい》MVP《エムブイピー》にも選出《せんしゅつ》された。

そんな中田選手《なかたせんしゅ》にほれこんだのが、大阪桐蔭《おおさかとういん》の西谷浩一《にしたにこういち》監督《かんとく》だ。大阪《おおさか》から中田選手《なかたせんしゅ》がすんでいた広島《ひろしま》まで、新幹線《しんかんせん》で30回以上《かいいじょう》通《かよ》いつめてプレーを確認《かくにん》し、大阪《おおさか》にくるように説得《せっとく》したのだ。

「フルスイング」で大打者《だいだしゃ》が育《そだ》つ大阪桐蔭《おおさかとういん》

大阪桐蔭《おおさかとういん》は、春《はる》1回《かい》、夏《なつ》4回《かい》の優勝回数《ゆうしょうかいすう》をほこる、高校野球界《こうこうやきゅうかい》きっての名門校《めいもんこう》だ。そして、プロでも活躍《かつやく》する大打者《だいだしゃ》が多《おお》く育《そだ》つことでも知《し》られている。いい打者《だしゃ》を育《そだ》てるためのポイントは「フルスイング」。ボールをあてにいったり、投球《とうきゅう》にあわせたスイングをしたりするのではなく、自分《じぶん》の感覚《かんかく》でフルスイングすることを大切《たいせつ》にしていた。

この指導方法《しどうほうほう》によって、プロ野球《やきゅう》で何度《なんど》もホームラン王《おう》にかがやく中村剛也選手《なかむらたけやせんしゅ》（現《げん》・西武《せいぶ》）、首位打者《しゅいだしゃ》になり、メジャーリーガーにもなった西岡剛選手《にしおかつよしせんしゅ》（現《げん》・阪神《はんしん》）、打点王《だてんおう》にかがやいた浅村栄斗選手《あさむらひでとせんしゅ》（現《げん》・西武《せいぶ》）、170センチの小《ちい》さい体《からだ》で誰《だれ》よりも遠《とお》くにボールを飛《と》ばす森友哉選手《もりともやせんしゅ》（現《げん》・西武《せいぶ》）など、たくさんの大打者《だいだしゃ》を育《そだ》ててきたのだ。

そして、この「フルスイング」のスタイルは、中田選手《なかたせんしゅ》にもピッタリだった。また、全国《ぜんこく》から優秀《ゆうしゅう》な選手《せんしゅ》が集《あつ》まる点《てん》も、中田選手《なかたせんしゅ》が成長《せいちょう》する上《うえ》ではかかせない要素《ようそ》だった。

中学時代《ちゅうがくじだい》に「日本代表《にほんだいひょう》のエースで4番《ばん》」「世界大会《せかいたいかい》MVP《エムブイピー》」という実績《じっせき》があった中田選手《なかたせんしゅ》であれば、「高校《こうこう》だって俺《おれ》の天下《てんか》だ！」と調子《ちょうし》に乗《の》ってもおかしくはない。でも、大阪《おおさか》桐蔭《とういん》には3年生《ねんせい》に「高校生《こうこうせい》Ｎｏ．《ナンバー》1《ワン》スラッガー（強打者《きょうだしゃ》）」と呼《よ》ばれた平田良介《ひらたりょうすけ》選手《せんしゅ》（現《げん》・中日《ちゅうにち》）がいた。平田選手《ひらたせんしゅ》は高校通算《こうこうつうさん》で70本《ぽん》ものホームランを打《う》ち、プロになったいまは日本代表《にほんだいひょう》にも選《えら》ばれる名選手《めいせんしゅ》だ。中田選手《なかたせんしゅ》はそんな平田選手《ひらたせんしゅ》の打球《だきゅう》を見《み》て、「自分《じぶん》よりひとまわりも小《ちい》さい体《からだ》で、どうやって？」とその技術《ぎじゅつ》の高《たか》さにおどろかされたのだ。

また、投手《とうしゅ》でも3年生《ねんせい》には「高校生《こうこうせい》Ｎｏ．《ナンバー》1《ワン》左腕《さわん》」と呼《よ》ばれた辻内崇伸《つじうちたかのぶ》選手《せんしゅ》（元《もと》・巨《きょ》人《じん》）がいた。辻内投手《つじうちとうしゅ》は中田選手《なかたせんしゅ》が入部《にゅうぶ》した２００５年《ねん》の夏《なつ》、甲子園大会《こうしえんたいかい》で１５２キロという当時《とうじ》の甲子園最速《こうしえんさいそく》を記録《きろく》したスピードボールが武器《ぶき》。中田選手《なかたせんしゅ》は辻内投手《つじうちとうしゅ》のスピードに「自分《じぶん》よりも速《はや》い球《たま》を初《はじ》めて見《み》た」とこれまたおどろいてしまう。

「あのすごい先輩《せんぱい》たちがあれだけ練習《れんしゅう》するなら、自分《じぶん》はもっとやらないと……」。

少年時代《しょうねんじだい》のようにあこがれられる大先輩《だいせんぱい》に出会《であ》えたことが、中田選手《なかたせんしゅ》のさらなる成長《せいちょう》につながったのだ。

投打《とうだ》の活躍《かつやく》で「怪物《かいぶつ》1年生《ねんせい》あらわる！」

２００５年夏《ねんなつ》、中田選手《なかたせんしゅ》は1年生《ねんせい》ながら、すぐにチームの中心《ちゅうしん》メンバーになった。打《う》つほうでは4番《ばん》・平田選手《ひらたせんしゅ》のあとを打《う》つ5番打者《ばんだしゃ》として。投《な》げるほうではエース・辻内投手《つじうちとうしゅ》のあとにつづく2番手投手《ばんてとうしゅ》という役割《やくわり》をつとめながら、普段《ふだん》は一塁手《いちるいしゅ》としてプレーした。

大阪大会《おおさかたいかい》では前田健太投手《まえだけんたとうしゅ》（現《げん》・ドジャース）のいるPL学園《ピーエルがくえん》など、強豪校《きょうごうこう》をつぎつぎとたおして見事《みごと》に優勝《ゆうしょう》。中田選手《なかたせんしゅ》は準決勝《じゅんけっしょう》、決勝《けっしょう》の大事《だいじ》な試合《しあい》でホームランを連発《れんぱつ》。とくに決勝戦《けっしょうせん》では6打数《だすう》3安打《あんだ》4打点《だてん》の成績《せいせき》で、大会通算《たいかいつうさん》13打点《だてん》はチームのトップだった。

全国《ぜんこく》デビューは2005年《ねん》、第《だい》87回夏《かいなつ》の甲子園大会《こうしえんたいかい》1回戦《かいせん》。この試合《しあい》は、エース・辻内《つじうち》投手《とうしゅ》の調子《ちょうし》が悪《わる》く、5回途中《かいとちゅう》でノックアウト。中田選手《なかたせんしゅ》がリリーフで登板《とうばん》することになった。中田選手《なかたせんしゅ》はこの試合《しあい》で、1年生《ねんせい》とは思《おも》えない度胸満点《どきょうまんてん》のピッチングを披露《ひろう》。鋭《するど》く曲《ま》がるスライダーがよくきまり、6個《こ》の三振《さんしん》をうばって相手《あいて》の追加点《ついかてん》を1点《てん》におさえた。

すると今度《こんど》はバットでも活躍《かつやく》。7回《かい》の打席《だせき》で左中間《さちゅうかん》スタンドに飛距離《ひきょり》140メートルの特大《とくだい》ホームランをはなち、チームの逆転勝利《ぎゃくてんしょうり》につなげたのだ。この試合《しあい》、投《な》げては最速《さいそく》146キロ。打《う》っては5打数《だすう》4安打《あんだ》3打点《だてん》。投《な》げても打《う》っても結果《けっか》をだす〝二刀流《にとうりゅう》〟の活躍《かつやく》に、甲子園《こうしえん》は「怪物《かいぶつ》1年生《ねんせい》あらわる！」と大騒《おおさわ》ぎになった。

平田選手《ひらたせんしゅ》、辻内投手《つじうちとうしゅ》というスター選手《せんしゅ》の存在《そんざい》にくわえて、ルーキー中田選手《なかたせんしゅ》も活躍《かつやく》し、優勝候補《ゆうしょうこうほ》といわれた大阪桐蔭《おおさかとういん》。だが、準決勝《じゅんけっしょう》で対戦《たいせん》したのが当時《とうじ》2年生《ねんせい》のエース、田中将《たなかまさ》大投手《ひろとうしゅ》（現《げん》・ヤンキース）のいた駒大苫小牧《こまだいとまこまい》。結果的《けっかてき》にこの大会《たいかい》で優勝《ゆうしょう》することになる強《きょう》敵《てき》の前《まえ》に延長戦《えんちょうせん》の末《すえ》に敗退《はいたい》し、日本一《にほんいち》には届《とど》かなかった。

ただ、中田選手《なかたせんしゅ》自身《じしん》は大会《たいかい》を通《つう》じて打率《だりつ》4割《わり》、1本塁打《ほんるいだ》5打点《だてん》と大活躍《だいかつやく》。**「この怪物《かいぶつ》がこれからどう育《そだ》つのか？」**と、全国《ぜんこく》の高校野球《こうこうやきゅう》ファンから注目《ちゅうもく》を集《あつ》める存在《そんざい》となったのはまちがいなかった。

早稲田実業《わせだじつぎょう》・斎藤投手《さいとうとうしゅ》に3三振《さんしん》

平田選手《ひらたせんしゅ》、辻内投手《つじうちとうしゅ》らの3年生《ねんせい》が抜《ぬ》けると、中田選手《なかたせんしゅ》ははやくもチームの「エースで4番《ばん》」をつとめるようになった。翌年《よくねん》のセンバツ大会《たいかい》には出場《しゅつじょう》できなかったものの、夏《なつ》に向《む》けて、〝投《な》げて打《う》っての活躍《かつやく》〟でチームをひっぱるはずだった。

ところが、2年春《ねんはる》に右《みぎ》ヒジを痛《いた》め、マウンドにたてなくなってしまう。中田選手《なかたせんしゅ》は投《な》げられない分《ぶん》、さらにバットでチームをもりたてた。夏《なつ》の大阪大会《おおさかたいかい》では4試合連続《しあいれんぞく》ホームランを打《う》つなど大暴《おおあば》れ。チームを2年連続《ねんれんぞく》での甲子園出場《こうしえんしゅつじょう》に導《みちび》いたのだ。

2006年《ねん》、第《だい》88回夏《かいなつ》の甲子園大会《こうしえんたいかい》に出場《しゅつじょう》した大阪桐蔭《おおさかとういん》の1回戦《かいせん》の相手《あいて》は、その年《とし》の春《はる》のセンバツで優勝《ゆうしょう》した横浜《よこはま》。中田選手《なかたせんしゅ》は春夏連覇《はるなつれんぱ》をねらう優勝候補《ゆうしょうこうほ》を相手《あいて》に、3打数《だすう》2安《あん》打《だ》1打点《だてん》を記録《きろく》。チームもそのいきおいにひっぱられ、15安打《あんだ》11得点《とくてん》で横浜《よこはま》に圧勝《あっしょう》した。とどめとなったのは8回裏《かいうら》、中田選手《なかたせんしゅ》がセンターバックスクリーンにはなったホームランだ。横浜《よこはま》の中堅手《ちゅうけんしゅ》が一歩《いっぽ》も動《うご》けないほどの弾丸《だんがん》ライナーで、観客《かんきゃく》を大《おお》いにおどろかせた。

優勝候補《ゆうしょうこうほ》をたおし、今度《こんど》こそ日本一《にほんいち》へ。チームメイトだけでなく、ファンもそんな期待《きたい》をふくらませる中《なか》、2回戦《かいせん》で中田選手《なかたせんしゅ》の前《まえ》にたちはだかったのが早稲田実業《わせだじつぎょう》の斎藤佑樹投《さいとうゆうきとう》手《しゅ》（現《げん》・日本《にっぽん》ハム）だった。斎藤投手《さいとうとうしゅ》ののびのあるストレートに中田選手《なかたせんしゅ》のバットはかすりもせず、4打数《だすう》3三振《さんしん》と完敗《かんぱい》。チームも敗《やぶ》れ、またも日本一《にほんいち》の夢《ゆめ》はかなわなかった。

高校通算《こうこうつうさん》87本目《ほんめ》のホームラン

2007年《ねん》。最終学年《さいしゅうがくねん》になった中田選手《なかたせんしゅ》は、第《だい》79回《かい》センバツ大会《たいかい》に出場《しゅつじょう》。右《みぎ》ヒジのケガもだいぶよくなり、ふたたび投手《とうしゅ》として甲子園《こうしえん》のマウンドにたつと、1回戦《かいせん》は見事《みごと》に完封《かんぷう》勝利《しょうり》。投《な》げても超高校級《ちょうこうこうきゅう》であることを見《み》せつけた。

2回戦《かいせん》ではマウンドにたたず、「4番《ばん》・右翼手《うよくしゅ》」として出場《しゅつじょう》すると、今度《こんど》は大会史上《たいかいしじょう》10人目《にんめ》となる2打席連続《だせきれんぞく》ホームラン。あらためて打者《だしゃ》としてのモンスターぶりを発揮《はっき》した。だが、準々決勝《じゅんじゅんけっしょう》で先発《せんぱつ》すると、結果的《けっかてき》にこの大会《たいかい》で優勝投手《ゆうしょうとうしゅ》となる常葉学園菊川《とこはがくえんきくがわ》・田中《たなか》健二朗投手《けんじろうとうしゅ》（現《げん》・DeNA《ディー・エヌ・エー》）との投《な》げあいの末《すえ》、1対《たい》2で敗《やぶ》れてしまう。

さいごの夏《なつ》こそ日本一《にほんいち》に！　そう誓《ちか》った中田選手《なかたせんしゅ》は、さらにバットをふりこみ、ピッチングにも磨《みが》きをかけた。打《う》つほうでは、夏《なつ》の大会前《たいかいまえ》の練習試合《れんしゅうじあい》で、高校通算《こうこうつうさん》87本目《ほんめ》のホームランを記録《きろく》。高校生《こうこうせい》の通算《つうさん》ホームラン数《すう》としては、歴代最多記録《れきだいさいたきろく》となった。これまでのどんな大打者《だいだしゃ》たちよりも多《おお》くのホームランを打《う》ったのだ。

ところが、その自慢《じまん》のバットが大阪大会《おおさかたいかい》では爆発《ばくはつ》しなかった。中田選手《なかたせんしゅ》は決勝《けっしょう》も含《ふく》めた8試合《しあい》でホームラン0。4番打者《ばんだしゃ》の仕事《しごと》がほとんどできなかった。その分《ぶん》、エースとしてすばらしい投球《とうきゅう》をみせたが、決勝戦《けっしょうせん》では右手《みぎて》のマメがつぶれ、爪《つめ》も半分《はんぶん》かけてしまうアクシデント。初回《しょかい》にうばわれた3失点《しってん》がひびき、3対《たい》4で敗戦《はいせん》。甲子園《こうしえん》にあと一歩《いっぽ》届《とど》かなかった。こうして、「モンスター」中田翔《なかたしょう》の高校野球《こうこうやきゅう》は終《お》わった。

勝負強《しょうぶづよ》さが売《う》りの「日本《にほん》の4番《ばん》・中田翔《なかたしょう》」へ

２００７年秋《ねんあき》、中田選手《なかたせんしゅ》は日本《にっぽん》ハムからドラフトで指名《しめい》され、プロ野球選手《やきゅうせんしゅ》になった。投手《とうしゅ》と打者《だしゃ》、どちらでプロに挑戦《ちょうせん》するのか悩《なや》みに悩《なや》んだ結果《けっか》、打者一本《だしゃいっぽん》で生《い》きていくことを選《えら》んだ。高校生活《こうこうせいかつ》さいごの試合《しあい》で4番打者《ばんだしゃ》の仕事《しごと》ができなかったからこそ、「プロでは勝負強《しょうぶづよ》い打者《だしゃ》になりたい！」とこころに誓《ちか》ったのだ。

プロ5年目《ねんめ》の２０１２年《ねん》には全試合《ぜんしあい》でチームの4番打者《ばんだしゃ》をつとめ、チームのリーグ優勝《ゆうしょう》に貢献《こうけん》。２０１４年《ねん》にはリーグの打点王《だてんおう》にかがやいた。その活躍《かつやく》がみとめられ、日本代表《にほんだいひょう》でも4番《ばん》を打《う》つことが多《おお》い。２０１５年《ねん》、野球《やきゅう》の国際大会《こくさいたいかい》「プレミア12」では打点王《だてんおう》を獲得《かく》《とく》。めざしていた「勝負強《しょうぶづよ》い打者《だしゃ》」として、プロの世界《せかい》でもモンスターぶりを発揮《はっき》している。

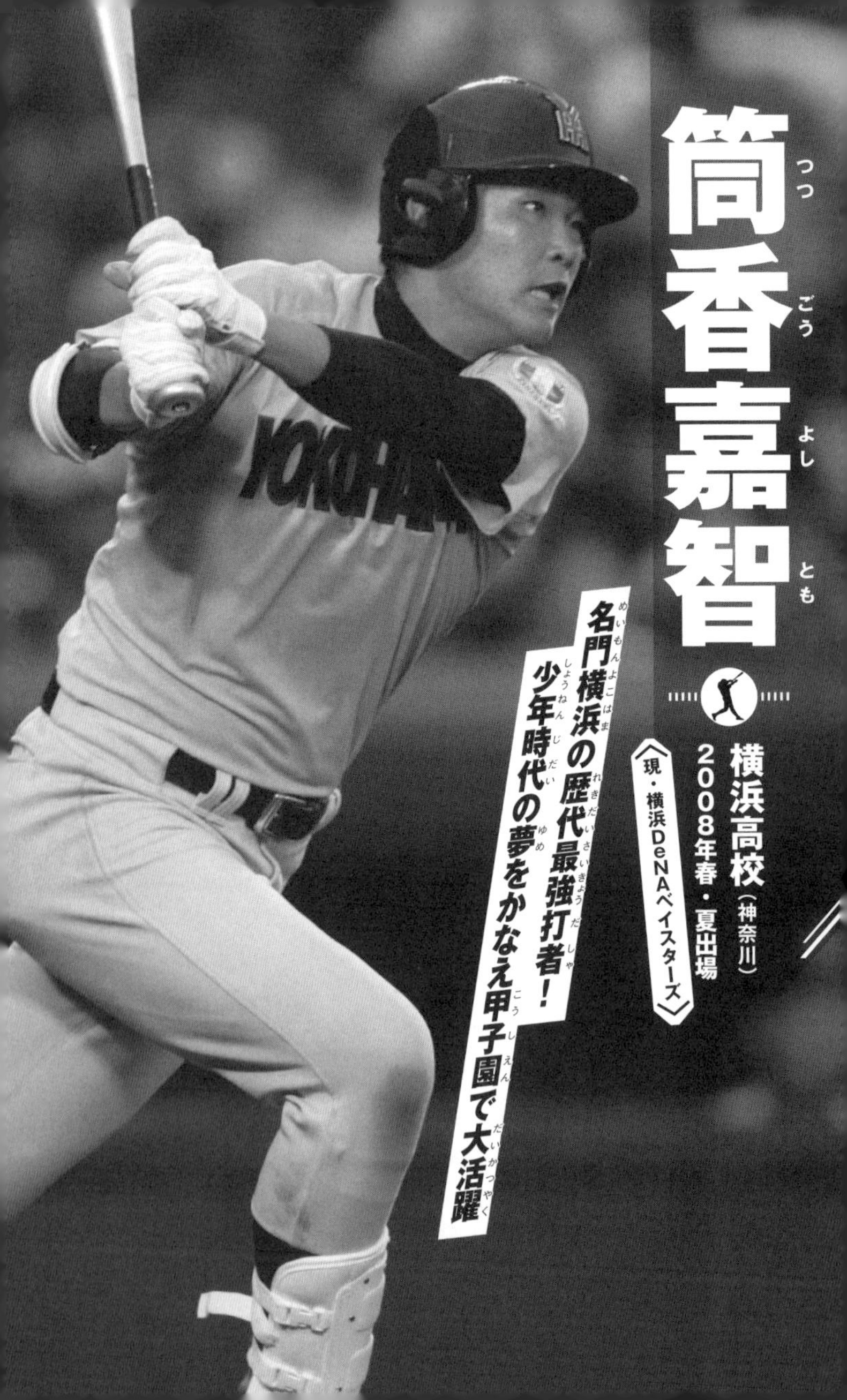

筒《つつ》香《ごう》嘉《よし》智《とも》

横浜高校（神奈川）
2008年春・夏出場
〈現・横浜DeNAベイスターズ〉

名門《めいもん》横浜《よこはま》の歴代《れきだい》最強《さいきょう》打者《だしゃ》！
少年《しょうねん》時代《じだい》の夢《ゆめ》をかなえ甲子園《こうしえん》で大活躍《だいかつやく》

「横浜高校《よこはまこうこう》で野球《やきゅう》がしたい」とねがっていた少年《しょうねん》

日本全国《にほんぜんこく》でもわずか数軒《すうけん》しかないとてもめずらしい名字《みょうじ》、「筒香《つつごう》」。２００８年《ねん》、夏《なつ》の甲《こう》子園《しえん》でこのめずらしい名字《みょうじ》の選手《せんしゅ》が大活躍《だいかつやく》し、新聞《しんぶん》やテレビでも大《おお》きくとりあげられた。横浜《よこはま》の４番打者《ばんだしゃ》、筒香嘉智《つつごうよしとも》選手《せんしゅ》だ。

小《ちい》さいころから「横浜高校《よこはまこうこう》で野球《やきゅう》がしたい」とねがっていた少年《しょうねん》は、誰《だれ》にも真似《まね》できない努力《どりょく》であこがれの学校《がっこう》に入学《にゅうがく》。高校通算《こうこうつうさん》69本《ほん》のホームランをはなち、プロ野球《やきゅう》でも４番《ばん》を打《う》つ選手《せんしゅ》が多《おお》い横浜《よこはま》で「歴代最強打者《れきだいさいきょうだしゃ》」と呼《よ》ばれるまでに成長《せいちょう》したのだ。そんな筒香選《つつごうせん》手《しゅ》が野球《やきゅう》をはじめたのは、自分《じぶん》が活躍《かつやく》する10年前《ねんまえ》の甲子園《こうしえん》で観《み》た、ある試合《しあい》がキッカケだった。

横浜高校《よこはまこうこう》に入《はい》るために、野球漬《やきゅうづ》けの生活《せいかつ》

１９９８年《ねん》、小学《しょうがく》1年生《ねんせい》の夏《なつ》、甲子園《こうしえん》が筒香少年《つつごうしょうねん》の運命《うんめい》をきめた。第《だい》80回夏《かいなつ》の甲子園準《こうしえんじゅん》決勝《けっしょう》、エース・松坂大輔《まつざかだいすけ》投手《とうしゅ》（現《げん》・ソフトバンク）のいた横浜《よこはま》と明徳義塾《めいとくぎじゅく》の試合《しあい》を、筒香《つつごう》

少年《しょうねん》は球場《きゅうじょう》で生観戦《なまかんせん》。この試合《しあい》で横浜《よこはま》は、8回表《かいおもて》まで0対《たい》6で負《ま》けていたのに、8・9回《かい》の2イニングで大逆転《だいぎゃくてん》。甲子園《こうしえん》の歴史《れきし》にのこる逆転劇《ぎゃくてんげき》、といわれた伝説《でんせつ》の試合《しあい》となった。

翌年《よくねん》、小学《しょうがく》2年《ねん》で野球《やきゅう》をはじめた筒香少年《つつごうしょうねん》は、いつか自分《じぶん》も強《つよ》い横浜《よこはま》でプレーしたい、と思《おも》うようになった。でも、当時《とうじ》の筒香選手《つつごうせんしゅ》は体《からだ》が小《ちい》さく、野球《やきゅう》も決《けっ》してうまくはなかった。そんな筒香少年《つつごうしょうねん》をきたえたのが、10歳《さい》離《はな》れた兄《あに》。香川《かがわ》の野球強豪校《やきゅうきょうごうこう》、尽誠学園《じんせいがくえん》で甲子園《こうしえん》にも出場《しゅつじょう》した自慢《じまん》の兄《あに》だ。高校卒業後《こうこうそつぎょうご》、大阪《おおさか》の大学《だいがく》に通《かよ》うために和歌山県橋本市《わかやまけんはしもとし》の実家《じっか》にもどってくると、弟《おとうと》・嘉智《よしとも》に野球《やきゅう》を教《おし》えるようになった。

小学《しょうがく》4年生《ねんせい》になると、兄《あに》の指導《しどう》のもと、テレビを見《み》る暇《ひま》もないほどの野球漬《やきゅうづ》けの生活《せいかつ》がつづいた。学校《がっこう》から帰《かえ》ると、まずはおにぎりを食《た》べ、練習開始《れんしゅうかいし》。家族《かぞく》が経営《けいえい》していたガソリンスタンドが終《お》わる午後《ごご》8時《じ》まで、毎日《まいにち》4〜5時間近《じかんちか》い練習《れんしゅう》をくりかえしたという。

また、1日《にち》5食《しょく》の「食《た》べるトレーニング」もかかさなかった。細《ほそ》かった体《からだ》も、中学生《ちゅうがくせい》になると180センチ・90キロにまで成長《せいちょう》。スイングスピード、打球《だきゅう》の飛距離《ひきょり》は同級生《どうきゅうせい》の中《なか》でもずば抜《ぬ》けていた。そんな筒香選手《つつごうせんしゅ》のもとには、地元《じもと》の和歌山《わかやま》をはじめ、関西《かんさい》のさまざまな野球名門校《やきゅうめいもんこう》から誘《さそ》いがあった。でも、筒香選手《つつごうせんしゅ》は少年時代《しょうねんじだい》からのあこがれ、横浜高校《よこはまこうこう》に入学《にゅうがく》する道《みち》を選《えら》んだのだ。

1年春《ねんはる》からチームの4番《ばん》

名門《めいもん》、横浜高校《よこはまこうこう》に入学《にゅうがく》した筒香選手《つつごうせんしゅ》は、すぐに試合《しあい》に起用《きよう》され、ときには4番《ばん》をまかされることもあった。1年生《ねんせい》とは思《おも》えないおちつきぶり、体格《たいかく》、そして飛距離《ひきょり》は、すぐに神奈川中《かながわじゅう》に知《し》れわたった。

1年夏《ねんなつ》、2007年《ねん》の神奈川大会《かながわたいかい》は準決勝《じゅんけっしょう》で惜《お》しくも敗退《はいたい》。それでも、新《しん》チームになると秋《あき》の神奈川大会《かながわたいかい》で優勝《ゆうしょう》。関東大会《かんとうたいかい》も勝《か》ちすすみ、翌春《よくしゅん》のセンバツ大会《たいかい》に選《えら》ばれたのだ。

2008年春《ねんはる》、第《だい》80回記念《かいきねん》のセンバツ大会《たいかい》に出場《しゅつじょう》した筒香選手《つつごうせんしゅ》。だが、初戦《しょせん》でチームは敗《やぶ》れてしまう。筒香選手《つつごうせんしゅ》も4打数《だすう》1安打《あんだ》。ツーベースヒットをはなったものの、高校野球《こうこうやきゅう》ファンがおどろく結果《けっか》はのこせなかった。

絶不調《ぜっふちょう》を乗《の》りこえ、甲子園《こうしえん》での大爆発《だいばくはつ》

2008年《ねん》。この年《とし》の夏《なつ》の甲子園《こうしえん》は「第《だい》90回《かい》」という記念大会《きねんたいかい》で、通常《つうじょう》の49代表《だいひょう》よりも

多《おお》い55代表《だいひょう》が甲子園《こうしえん》に出場《しゅつじょう》することができた。もともと参加校《さんかこう》が多《おお》い神奈川県《かながわけん》も「北神奈《きたかな》川《がわ》」と「南神奈川《みなみかながわ》」にわかれ、横浜《よこはま》は南神奈川大会《みなみかながわたいかい》に出場《しゅつじょう》。だが、この大会《たいかい》で筒香選手《つつごうせんしゅ》は腰痛《ようつう》の影響《えいきょう》もあって絶不調《ぜつふちょう》。打率《だりつ》はなんと1割台《わりだい》だった。それでも、層《そう》の厚《あつ》い横浜《よこはま》のチーム力《りょく》で南神奈川大会《みなみかながわたいかい》を制《せい》し、甲子園出場《こうしえんしゅつじょう》をきめた。

チームの主力打者《しゅりょくだしゃ》でありながら、「甲子園《こうしえん》に連《つ》れてきてもらった」という意識《いしき》があった筒香選手《つつごうせんしゅ》。だからこそ、甲子園《こうしえん》ではよりやる気《き》に燃《も》え、かがやきをとりもどした。

1回戦《かいせん》、7番打者《ばんだしゃ》として出場《しゅつじょう》した筒香選手《つつごうせんしゅ》は第《だい》1打席《だせき》でいきなりの2ランホームラン。終盤《しゅうばん》8回《かい》にも2点《てん》タイムリーをはなち、チーム6得点《とくてん》のうち4打点《だてん》をあげる大活躍《だいかつやく》。6対《たい》5の1点差《てんさ》勝《が》ちに大《おお》きく貢献《こうけん》した。

こうして、自分《じぶん》の力《ちから》で4番《ばん》の座《ざ》をとりもどすと、2回戦《かいせん》でも2安打《あんだ》2打点《だてん》。3回戦《かいせん》でも2安打《あんだ》と好調《こうちょう》はつづいた。だが、この試合途中《しあいとちゅう》、右手甲《みぎてこう》にデッドボールを受《う》けて打撲《だぼく》。試《し》合《あい》には勝《か》ったものの、つぎの準々決勝《じゅんじゅんけっしょう》・聖光学院《せいこうがくいん》との試合《しあい》には痛《いた》みどめのくすりを飲《の》んで出場《しゅつじょう》しなければならなかった。だが、その準々決勝《じゅんじゅんけっしょう》で筒香選手《つつごうせんしゅ》はまさに「歴史《れきし》にのこる」大爆発《だいばくはつ》をみせることになる。

1試合《しあい》8打点《だてん》&大会通算《たいかいつうさん》14打点《だてん》

準々決勝《じゅんじゅんけっしょう》・聖光学院《せいこうがくいん》との試合《しあい》は、横浜《よこはま》の打撃《だげき》ショーのようだった。その中心《ちゅうしん》にいたのが筒香選手《つつごうせんしゅ》だ。まずは2点《てん》リードの5回《かい》、内角《ないかく》へのスライダーをフルスイングすると、打球《だきゅう》はライトポール際《ぎわ》に入《はい》るツーランホームランとなった。

この試合《しあい》、球場《きゅうじょう》には甲子園名物《こうしえんめいぶつ》「浜風《はまかぜ》」がふいていた。ライトからレフト方向《ほうこう》にふくこの浜風《はまかぜ》は、左打者《ひだりだしゃ》にとっては逆風《ぎゃくふう》となり、打球《だきゅう》が押《お》しもどされることがある。でも、筒香《つつごう》選手《せんしゅ》のパワーの前《まえ》には、浜風《はまかぜ》も問題《もんだい》ではなかった。

そして6回《かい》、今度《こんど》は2アウト満塁《まんるい》の絶好機《ぜっこうき》で打席《だせき》がまわってきた。筒香選手《つつごうせんしゅ》は内角《ないかく》へのストレートをジャストミート。力強《ちからづよ》い打球《だきゅう》はまたしてもライトスタンドにつきささり、2打席連続《だせきれんぞく》となる満塁《まんるい》ホームランになった。観客《かんきゃく》も大興奮《だいこうふん》だ。

この直後《ちょくご》、甲子園《こうしえん》に大雨《おおあめ》がふって試合《しあい》は中断《ちゅうだん》。42分間《ふんかん》も待《ま》たされることとなった。だが、筒香選手《つつごうせんしゅ》の集中力《しゅうちゅうりょく》は乱《みだ》れなかった。再開後《さいかいご》の7回《かい》にも左中間《さちゅうかん》をやぶる2点《てん》タイムリーツーベース。終《お》わってみれば、筒香選手《つつごうせんしゅ》は5打数《だすう》3安打《あんだ》8打点《だてん》。試合《しあい》も15対《たい》1で大勝《たいしょう》した。

筒香選手《つつごうせんしゅ》の「1試合《しあい》8打点《だてん》」は甲子園《こうしえん》の長《なが》い歴史《れきし》で個人最多《こじんさいた》タイ記録《きろく》。また、大会通算《たいかいつうさん》14打点《だてん》も歴代最多《れきだいさいた》タイ記録《きろく》（当時《とうじ》）。まさに、記録《きろく》ずくめの1日《にち》となった。

つづく準決勝《じゅんけっしょう》は、のちにプロ野球《やきゅう》でも活躍《かつやく》する浅村栄斗《あさむらひでと》選手《せんしゅ》（現《げん》・西武《せいぶ》）のいる大阪桐蔭《おおさかとういん》と対戦《たいせん》。両《りょう》チームの打《う》ちあいとなったこの試合《しあい》で筒香選手《つつごうせんしゅ》は警戒《けいかい》され、2つのフォアボール。さいごの打席《だせき》でヒットを打《う》ったものの、結果的《けっかてき》にこの大会《たいかい》で優勝《ゆうしょう》することになる大阪桐蔭《おおさかとういん》に惜《お》しくも敗《やぶ》れてしまう。だが、「筒香《つつごう》」というめずらしい名字《みょうじ》は、まちがいなくこの大会《たいかい》をきっかけに日本中《にほんじゅう》に知《し》れわたったのだ。

菊池雄星投手《きくちゆうせいとうしゅ》から打《う》った特大《とくだい》ホームラン

最終学年《さいしゅうがくねん》になり、主将《しゅしょう》もまかされた筒香選手《つつごうせんしゅ》。だが、強豪《きょうごう》チームばかりの激戦区《げきせんく》・神奈川《かながわ》を勝《か》ち抜《ぬ》くことはできず、もう一度甲子園《いちどこうしえん》にもどってくることはできなかった。

それでも、筒香選手個人《つつごうせんしゅこじん》の進化《しんか》はとまらなかった。2009年《ねん》5月《がつ》には、センバツ大会《たいかい》で準優勝《じゅんゆうしょう》したばかりの花巻東《はなまきひがし》と練習試合《れんしゅうじあい》で対戦《たいせん》。すでに高校生最強左腕《こうこうせいさいきょうさわん》、といわれていた同級生《どうきゅうせい》の菊池雄星投手《きくちゆうせいとうしゅ》（現《げん》・西武《せいぶ》）から特大《とくだい》ホームランをはなったのだ。しかも、筒香選《つつごうせん》

手《しゅ》は試合《しあい》3日前《かまえ》に39度《ど》4分《ぶ》という高熱《こうねつ》をだし、この日《ひ》も病院《びょういん》で点滴《てんてき》を打《う》ってから球場《きゅうじょう》へ。そんな体調不良《たいちょうふりょう》にもかかわらず打《う》った、意地《いじ》の一発《いっぱつ》だった。

この対決《たいけつ》はプロ野球《やきゅう》だけでなく、メジャーリーグのスカウトも注目《ちゅうもく》。甲子園《こうしえん》での活躍《かつやく》は本物《ほんもの》だった！　とあらためて評価《ひょうか》が高《たか》まり、秋《あき》にプロ野球《やきゅう》、横浜《よこはま》ベイスターズ（現《げん》・DeNA《ディー・エヌ・エー》）からドラフト1位《い》で指名《しめい》されることとなった。

プロ野球《やきゅう》の世界《せかい》では結果《けっか》がでない日々《ひび》もつづいた筒香選手《つつごうせんしゅ》。だが、入団《にゅうだん》5年目《ねんめ》の2014年《ねん》に打率《だりつ》3割《わり》、ホームラン22本《ほん》で大《だい》ブレイク。翌年《よくねん》はさらに成績《せいせき》をのばし、日本代表《にほんだいひょう》にも選《えら》ばれるようになった。かつては、どう読《よ》むの？　といわれることも多《おお》かったためずらしい名字《みょうじ》「筒香《つつごう》」。その名《な》が世界《せかい》の野球《やきゅう》ファンの間《あいだ》で有名《ゆうめい》になる日《ひ》も、そう遠《とお》くはないはずだ。

堂《どう》林《ばやし》翔《しょう》太《た》

中京大学附属中京高校（愛知）
2009年春・夏出場
〈現・広島東洋カープ〉

優勝《ゆうしょう》インタビューでくやし泣《な》き!?
11回目《かいめ》の優勝《ゆうしょう》をキメた超名門校《ちょうめいもんこう》のエースで4番《ばん》

優勝《ゆうしょう》したのにくやしくて泣《な》いた「エースで4番《ばん》」

「ホント、苦《くる》しくて……。さいごまで投《な》げたかったんですけど……。情《なさ》けなくて……。すみませんでした」

負《ま》け投手《とうしゅ》のようなこのコメント、じつは甲子園《こうしえん》で優勝《ゆうしょう》したチームの「エースで4番《ばん》」が優勝《ゆうしょう》インタビューで話《はな》したコメントだ。2009年《ねん》、第《だい》91回夏《かいなつ》の甲子園大会《こうしえんたいかい》で優勝《ゆうしょう》した中《ちゅう》京大中京《きょうだいちゅうきょう》の堂林翔太選手《どうばやししょうたせんしゅ》は、優勝《ゆうしょう》まであとひとり、あと1球《きゅう》までいきながら、あわや逆転《ぎゃくてん》負《ま》け、というピンチに追《お》いこまれてしまったのだ。

なんとか試合《しあい》に勝《か》ったあと、優勝《ゆうしょう》したよろこび以上《いじょう》に、くやしさ、情《なさ》けなさ、さまざまな気持《きも》ちが頭《あたま》の中《なか》でゴチャまぜになり、堂林選手《どうばやしせんしゅ》は涙《なみだ》を流《なが》した。でも、中京大中京《ちゅうきょうだいちゅうきょう》が優勝《ゆうしょう》できたのは、まぎれもなく堂林選手《どうばやしせんしゅ》の活躍《かつやく》があったからだった。

「僕《ぼく》、やっぱり野球《やきゅう》やめたい……」

甲子園決勝戦《こうしえんけっしょうせん》で涙《なみだ》を流《なが》した堂林選手《どうばやしせんしゅ》。じつは、野球《やきゅう》をはじめた日《ひ》にも涙《なみだ》を流《なが》していた。

愛知県《あいちけん》豊田市《とよたし》で生《う》まれ育《そだ》った堂林少年《どうばやししょうねん》は、小学《しょうがく》2年《ねん》のとき、地元《じもと》のリトルリーグに入団《にゅうだん》。ところが、あまりの練習《れんしゅう》のキツさから帰《かえ》りの車《くるま》の中《なか》で涙《なみだ》を流《なが》し、「僕《ぼく》、やっぱり野球《やきゅう》やめたい……」と両親《りょうしん》に伝《つた》えたという。

そんな弱気《よわき》の堂林少年《どうばやししょうねん》に、両親《りょうしん》は**「自分《じぶん》からやりたいとはじめたこと。投《な》げだすことはダメだ！」**とやめることに大反対《だいはんたい》。堂林選手《どうばやしせんしゅ》は、しぶしぶ練習《れんしゅう》をつづけた。すると、友《とも》だちができるにつれて練習《れんしゅう》も楽《たの》しくなり、野球《やきゅう》もぐんぐん上達《じょうたつ》。気《き》がつけば、チームの4番《ばん》を打《う》ち、リトルリーグで通算《つうさん》56本《ぼん》ものホームランを打《う》つスラッガーに成長《せいちょう》していた。

この当時《とうじ》、チームのコーチから熱心《ねっしん》に指導《しどう》されたのが、「センターから右方向《みぎほうこう》に強《つよ》い打球《だきゅう》を打《う》つ意識《いしき》を持《も》て！」ということ。逆方向《ぎゃくほうこう》（右打者《みぎだしゃ》からみてライト方向《ほうこう》）に強《つよ》い打球《だきゅう》が打《う》てる堂林選手《どうばやしせんしゅ》の特徴《とくちょう》は、この時代《じだい》に形《かたち》づくられたのだった。

甲子園優勝《こうしえんゆうしょう》10回《かい》の超名門《ちょうめいもん》、中京大中京《ちゅうきょうだいちゅうきょう》

中学《ちゅうがく》でも「エースで4番《ばん》」。地元《じもと》ではすっかり有名《ゆうめい》になった堂林選手《どうばやしせんしゅ》が進学《しんがく》したのは、愛知県《あいちけん》の超名門《ちょうめいもん》、中京大中京《ちゅうきょうだいちゅうきょう》だった。

中京大中京《ちゅうきょうだいちゅうきょう》は、堂林選手《どうばやしせんしゅ》が入学《にゅうがく》した2007年《ねん》の時点《じてん》で、春《はる》・夏《なつ》あわせて甲子園優勝《こうしえんゆうしょう》10回《かい》（※学校名《がっこうめい》が中京商《ちゅうきょうしょう》、中京《ちゅうきょう》だった時代《じだい》もふくむ）。この優勝回数《ゆうしょうかいすう》はダントツで歴代《れきだい》1位《い》だ。そんな野球《やきゅう》の超名門校《ちょうめいもんこう》であっても、堂林選手《どうばやしせんしゅ》は1年春《ねんはる》からベンチ入《い》り。2年《ねん》の秋《あき》になると「エースで4番《ばん》」になり、東海大会《とうかいたいかい》で優勝《ゆうしょう》する大《おお》きな原動力《げんどうりょく》となった。

2009年春《ねんはる》、第《だい》81回《かい》センバツ大会《たいかい》に出場《しゅつじょう》した中京大中京《ちゅうきょうだいちゅうきょう》。エースで4番《ばん》の堂林選手《どうばやしせんしゅ》は、投手《とうしゅ》としてよりも打者《だしゃ》として大活躍《だいかつやく》した。1回戦《かいせん》こそノーヒットに終《お》わったが、2回戦《かいせん》は5打数《だすう》4安打《あんだ》2打点《だてん》。準々決勝《じゅんじゅんけっしょう》も5打数《だすう》3安打《あんだ》2打点《だてん》と勝負強《しょうぶづよ》さをみせた。

ところが、準々決勝《じゅんじゅんけっしょう》は9回《かい》2アウトまでリードしていたのに、そこから逆転負《ぎゃくてんま》け。投手《とうしゅ》としては勝負弱《しょうぶよわ》さが課題《かだい》としてのこった大会《たいかい》だった。

甲子園決勝《こうしえんけっしょう》で実《みの》った「逆方向《ぎゃくほうこう》のバッティング」

センバツでのくやしさを、夏《なつ》に晴《は》らす。そう誓《ちか》った堂林選手《どうばやしせんしゅ》は、左《ひだり》ヒザのケガがありながらも愛知大会《あいちたいかい》を勝《か》ちあがり、第《だい》91回夏《かいなつ》の甲子園大会《こうしえんたいかい》に出場《しゅつじょう》。投手《とうしゅ》としては1回戦《かいせん》から準《じゅん》決勝《けっしょう》まで、毎試合登板《まいしあいとうばん》して完投勝利《かんとうしょうり》2つ。打者《だしゃ》としては毎試合安打《まいしあいあんだ》、毎試合打点《まいしあいだてん》を記録《きろく》し、決勝戦《けっしょうせん》に進出《しんしゅつ》した。

新潟《にいがた》の日本文理《にほんぶんり》との戦《たたか》いとなった決勝戦《けっしょうせん》。この試合《しあい》で、堂林選手《どうばやしせんしゅ》のバットが何度《なんど》も火《ひ》をふいた。まずは1回裏《かいうら》、甲子園《こうしえん》のバックスクリーン右《みぎ》に先制《せんせい》の2ランホームラン。小《ちい》さいころから意識《いしき》してきた「逆方向《ぎゃくほうこう》のバッティング」がみのったのだ。6回裏《かいうら》にも堂林選手《どうばやしせんしゅ》のツーベースを含《ふく》め、ヒットを5本《ほん》かさねて6得点《とくてん》。さらに7回裏《かいうら》にも2点《てん》をあげ、中京大《ちゅうきょうだい》中京《ちゅうきょう》は10対《たい》4と6点《てん》をリードして9回表《かいおもて》、さいごの守備《しゅび》についた。

「涙《なみだ》のエース」から「鯉《こい》のプリンス」へ

この試合《しあい》、先発投手《せんぱつとうしゅ》は堂林選手《どうばやしせんしゅ》。その後《ご》、6回途中《かいとちゅう》でマウンドをおり、8回《かい》までは外野《がいや》を守《まも》っていた。ただ、「さいごはエースで勝《か》ちたい」というチームの思《おも》いにこたえ、9回《かい》表《おもて》、背番号《せばんごう》「1」の堂林選手《どうばやしせんしゅ》がふたたびマウンドにたった。簡単《かんたん》に2アウトをとり、優勝《ゆうしょう》まであとアウトひとつ。2ストライクに追《お》いこみ、あと1球《きゅう》。ところが、ここからフォアボールとヒット、デッドボールがつづいて一挙《いっきょ》に4失点《しってん》。センバツでの逆転《ぎゃくてん》負《ま》けの悪夢《あくむ》がよみがえり、堂林選手《どうばやしせんしゅ》はふたたび、外野《がいや》にしりぞくことになってしまった。

けっきょく、日本文理《にほんぶんり》はこの回《かい》に5得点《とくてん》をあげ、10対《たい》9と1点差《てんさ》にまで追《お》いあげた。だが、あとヒット1本《ぽん》がでず、ゲームセット。中京大中京《ちゅうきょうだいちゅうきょう》が11回目《かいめ》の全国優勝《ぜんこくゆうしょう》を達成《たっせい》した。

優勝《ゆうしょう》の瞬間《しゅんかん》をマウンドでむかえられなかった堂林選手《どうばやしせんしゅ》。そのくやしさから、優勝《ゆうしょう》インタビューで「さいごまで投《な》げたかったんですけど……。情《なさ》けなくて……。すみませんでした」と涙《なみだ》を流《なが》した。それでも、打《う》つほうでは決勝戦《けっしょうせん》だけで4打数《だすう》3安打《あんだ》4打点《だてん》。大会《たいかい》を通《つう》じても12安打《あんだ》12打点《だてん》で打率《だりつ》は5割《わり》超《ご》え。まぎれもなく、チームの中心《ちゅうしん》は堂林選手《どうばやしせんしゅ》だった。

その後《ご》、堂林選手《どうばやしせんしゅ》はプロ野球《やきゅう》、広島《ひろしま》カープに入団《にゅうだん》。プロでは投手《とうしゅ》ではなく、打者一本《だしゃいっぽん》で生《い》きていくことをきめた。アイドルのようなさわやかな笑顔《えがお》に、甲子園《こうしえん》での涙《なみだ》も手伝《てつだ》って、「鯉《こい》のプリンス」（鯉《こい》＝カープ）のニックネームで愛《あい》される人気選手《にんきせんしゅ》として活躍《かつやく》している。

今《いま》宮《みや》健《けん》太《た》

明豊高校（大分）
2008年春
2009年春・夏出場
〈現・福岡ソフトバンクホークス〉

打《う》って投《な》げての小《ちい》さな巨人《きょじん》！
小柄《こがら》な子《こ》どもたちに勇気《ゆうき》を与《あた》える選手《せんしゅ》に

3年間《ねんかん》で1センチしかのびなかった身長《しんちょう》

多《おお》くのスポーツは、身長《しんちょう》が高《たか》いひとほど有利《ゆうり》、といわれている。野球《やきゅう》ももちろんそうだ。速《はや》い球《たま》を投《な》げるひと、ボールを遠《とお》くへ飛《と》ばすひとは、大《おお》きな身長《しんちょう》を武器《ぶき》にプレーしている選手《せんしゅ》がほとんど。だからこそ、身長《しんちょう》の低《ひく》い選手《せんしゅ》が甲子園《こうしえん》で活躍《かつやく》すると、野球《やきゅう》ファンはいつも以上《いじょう》にその選手《せんしゅ》を応援《おうえん》し、試合《しあい》も盛《も》りあがりをみせる。

その代表例《だいひょうれい》が、大分《おおいた》の明豊《めいほう》で活躍《かつやく》し、甲子園《こうしえん》に3度出場《どしゅつじょう》した今宮健太選手《いまみやけんたせんしゅ》だ。

今宮選手《いまみやせんしゅ》は、中学卒業時《ちゅうがくそつぎょうじ》の身長《しんちょう》が170センチ。それから3年間《ねんかん》で身長《しんちょう》はたった1センチしかのびなかった。**「こんな小《ちい》さな体《からだ》では、プロ野球選手《やきゅうせんしゅ》になれないかもしれない」と、夢《ゆめ》をあきらめかけたこともあった。**それでも努力《どりょく》をつづけた今宮選手《いまみやせんしゅ》は、投《な》げては154キロ。打《う》っては高校通算《こうこうつうさん》ホームラン62本《ほん》を記録《きろく》する〝小《ちい》さな巨人《きょじん》〟となったのだ。

自分《じぶん》のミスで負《ま》けてしまった「小《ちい》さなエース」

今宮選手《いまみやせんしゅ》の家庭《かてい》は野球一家《やきゅういっか》だった。ふたりの兄《あに》はもちろん野球部《やきゅうぶ》。幼稚園《ようちえん》で入団《にゅうだん》した少《しょう》年《ねん》野球《やきゅう》チームの監督《かんとく》は父親《ちちおや》で、コーチは母親《ははおや》。チームの練習《れんしゅう》が終《お》わって家《いえ》に帰《かえ》ると、車《くるま》のヘッドライトを照明《しょうめい》がわりにして、母《はは》が練習《れんしゅう》につきあってくれた。

その成果《せいか》がみのって、中学時代《ちゅうがくじだい》には全国大会《ぜんこくたいかい》にも出場《しゅつじょう》。明豊高校《めいほうこうこう》に進学《しんがく》してからもすぐにベンチメンバーに入《はい》り、夏《なつ》の大会《たいかい》ではやくも遊撃手《ゆうげきしゅ》のレギュラーを勝《か》ちとった。高《たか》い運動能力《うんどうのうりょく》が評価《ひょうか》されて、１年秋《ねんあき》からは投手《とうしゅ》としてもプレー。九州大会《きゅうしゅうたいかい》では、翌《よく》２００８年《ねん》のセンバツ大会《たいかい》で全国優勝《ぜんこくゆうしょう》することになる沖縄尚学《おきなわしょうがく》と対戦《たいせん》。相手《あいて》のエース、東浜巨《ひがしはまなお》投手《とうしゅ》（現《げん》・ソフトバンク）に投《な》げ勝《か》ち、優勝《ゆうしょう》の立役者《たてやくしゃ》となった。

２００８年春《ねんはる》、第《だい》80回《かい》センバツ大会《たいかい》に出場《しゅつじょう》した今宮選手《いまみやせんしゅ》は、「投手《とうしゅ》なのに1番打者《ばんだしゃ》」「小《ちい》さなエース」として注目《ちゅうもく》を集《あつ》めた。初戦《しょせん》の相手《あいて》は前年《ぜんねん》センバツ王者《おうじゃ》の常葉学園菊川《とこはがくえんきくがわ》。この試合《しあい》で今宮選手《いまみやせんしゅ》は、守備《しゅび》では自分《じぶん》の悪送球《あくそうきゅう》がきっかけで失点《しってん》を許《ゆる》し、攻撃《こうげき》でもヒット1本《ぽん》のみ。４対《たい》６で敗退《はいたい》してしまう。

「自分《じぶん》が打《う》てず、自分《じぶん》が点《てん》をとられた。情《なさ》けない」

もう一度甲子園《いちどこうしえん》にもどってきて、借《か》りをかえしたい。そう思《おも》った今宮選手《いまみやせんしゅ》だったが、２年夏《ねんなつ》は大分大会準々決勝《おおいたたいかいじゅんじゅんけっしょう》で敗退《はいたい》。苦《くる》しい時期《じき》がつづいた。

「打倒菊池《だとうきくち》」で進化《しんか》したバッティング

２００９年春《ねんはる》、第《だい》81回《かい》センバツ大会《たいかい》で今宮選手《いまみやせんしゅ》は甲子園《こうしえん》にもどってきた。初戦《しょせん》は５対《たい》１で快勝《かいしょう》。今宮選手《いまみやせんしゅ》は３安打《あんだ》１打点《だてん》と大《おお》あたり。投手《とうしゅ》としても最終回《さいしゅうかい》のマウンドにたち、自《じ》己最速《こさいそく》の１４９キロを記録《きろく》。アウト３つがすべて三振《さんしん》という、すばらしい投球《とうきゅう》をみせた。

ところが、つぎの相手《あいて》、花巻東《はなまきひがし》には０対《たい》４で完封負《かんぷうま》け。今宮選手《いまみやせんしゅ》も４打数《だすう》１安打《あんだ》といいところなし。相手《あいて》の左腕《さわん》エース、菊池雄星投手《きくちゆうせいとうしゅ》（現《げん》・西武《せいぶ》）の内角《ないかく》ストレートに手《て》も足《あし》もでなかったのだ。

「打倒菊池《だとうきくち》」。それが、今宮選手《いまみやせんしゅ》ののこりの高校生活《こうこうせいかつ》のキーワードになった。練習《れんしゅう》では左《ひだり》投手《とうしゅ》にマウンドのかなり前《まえ》から投《な》げてもらい、内角《ないかく》の球《たま》を打《う》つ練習《れんしゅう》をくりかえした。気《き》がつけば、内角球《ないかくきゅう》を打《う》つのが誰《だれ》よりも得意《とくい》になっていた。

特訓《とっくん》の成果《せいか》が実《みの》り、夏《なつ》の大分大会《おおいたたいかい》では３打席連続《だせきれんぞく》ホームランを記録《きろく》。そのニュースは全《ぜん》国《こく》で報《ほう》じられた。今宮選手《いまみやせんしゅ》が３年春《ねんはる》までに打《う》ったホームラン数《すう》は31本《ぼん》。それからのわずか４ヶ月《げつ》で、それまでの２年間《ねんかん》と同《おな》じ31本《ぼん》のホームランを打《う》つまでに成長《せいちょう》したのだ。「打《だ》倒《とう》菊池《きくち》」への思《おも》いが、今宮選手《いまみやせんしゅ》のバッティングをさらに進化《しんか》させた。

「体《からだ》の小《ちい》さな子《こ》どもたちを勇気《ゆうき》づけたい」

３年夏《ねんなつ》、さいごの甲子園《こうしえん》の舞台《ぶたい》がやってきた。第《だい》91回夏《かいなつ》の甲子園大会《こうしえんたいかい》に出場《しゅつじょう》した今宮選手《いまみやせんしゅ》の前《まえ》には、菊池投手以外《きくちとうしゅいがい》にも一流投手《いちりゅうとうしゅ》がつぎつぎとたちはだかった。

初戦《しょせん》の相手《あいて》は、２年生左腕《ねんせいさわん》エース、島袋洋奨投手《しまぶくろようすけとうしゅ》（現《げん》・ソフトバンク）のいる興南《こうなん》。明豊《めいほう》は３点《てん》を先制《せんせい》されながらも９回《かい》サヨナラ勝《が》ち。今宮選手《いまみやせんしゅ》は終盤《しゅうばん》に同点《どうてん》に追《お》いつくタイムリーヒットをはなった。

その後《あと》も西条《さいじょう》の秋山拓巳投手《あきやまたくみとうしゅ》（現《げん》・阪神《はんしん》）、常葉学園橘《とこはがくえんたちばな》の庄司隼人投手《しょうじはやととうしゅ》（現《げん》・広島内野手《ひろしまないやしゅ》）といった好投手《こうとうしゅ》と対戦《たいせん》し、つぎつぎと打《う》ちやぶった明豊《めいほう》と今宮選手《いまみやせんしゅ》。ついに、準々決勝《じゅんじゅんけっしょう》で菊池投手《きくちとうしゅ》のいる花巻東《はなまきひがし》と対戦《たいせん》することになった。

だが、この試合《しあい》で菊池投手《きくちとうしゅ》はケガのために途中降板《とちゅうこうばん》。ライバル対決《たいけつ》は中途半端《ちゅうとはんぱ》な状態《じょうたい》で終《お》わり、試合《しあい》にも延長戦《えんちょうせん》の末《すえ》に敗《やぶ》れてしまう。打《う》てないうっぷんだったのか、この試合《しあい》でマウンドにあがった今宮投手《いまみやとうしゅ》は、自己最速《じこさいそく》となる１５４キロを記録《きろく》。それは、菊池投手《きくちとうしゅ》の最速記録《さいそくきろく》と同《おな》じだった。投《な》げることで意地《いじ》を見《み》せたのだ。

甲子園《こうしえん》が終《お》わり、秋《あき》のドラフト会議《かいぎ》で、地元《じもと》・九州《きゅうしゅう》にあるソフトバンクが今宮選手《いまみやせんしゅ》を指名《しめい》。プロ野球《やきゅう》では投手《とうしゅ》ではなく、内野手《ないやしゅ》として勝負《しょうぶ》することもきまった。偶然《ぐうぜん》にも、ライバル・菊池投手《きくちとうしゅ》の入団先《にゅうだんさき》はソフトバンクと同《おな》じパ・リーグ所属《しょぞく》の西武《せいぶ》。今宮選手《いまみやせんしゅ》は入団記者会見《にゅうだんきしゃかいけん》で「高校時代《こうこうじだい》のくやしさをプロでかえしたい」と抱負《ほうふ》を語《かた》った。でも、今宮選手《いまみやせんしゅ》にはそれ以上《いじょう》に伝《つた》えたいこと、プロ野球《やきゅう》で戦《たたか》う上《うえ》でのモットーがあった。

「〝小《ちい》さな巨人《きょじん》〟となって期待《きたい》にこたえ、体《からだ》の小《ちい》さな子《こ》どもたちを勇気《ゆうき》づけたい」

その言葉通《ことばどお》り、今宮選手《いまみやせんしゅ》は小《ちい》さな体《からだ》を感《かん》じさせない広《ひろ》い守備範囲《しゅびはんい》を武器《ぶき》に、日本《にほん》を代表《だいひょう》する遊撃手《ゆうげきしゅ》に成長《せいちょう》。その姿《すがた》はまぎれもなく、〝小《ちい》さな巨人《きょじん》〟なのだ。

山《やま》田《だ》哲《てつ》人《と》

3つの刺激《しげき》がトリプルスリーを生《う》んだ！ 高校《こうこう》2年《ねん》秋《あき》からの猛練習《もうれんしゅう》で開花《かいか》した驚異《きょうい》の才能《さいのう》

履正社高校（大阪）
2010年夏出場
〈現・東京ヤクルトスワローズ〉

野球選手《やきゅうせんしゅ》の理想型《りそうけい》「トリプルスリー」

ヒットがたくさん打《う》てる技術《ぎじゅつ》をしめす「打率《だりつ》3割《わり》」。ボールを遠《とお》くへ飛《と》ばすパワーをしめす「ホームラン30本《ぽん》」。足《あし》の速《はや》さ、走塁《そうるい》センスの高《たか》さをしめす「盗塁《とうるい》30個《こ》」。プロ野球《やきゅう》では、打者《だしゃ》における3つの〝3にまつわる記録《きろく》〟を同時《どうじ》に達成《たっせい》することを「トリプルスリー」と呼《よ》ぶ。一流《いちりゅう》だけが集《あつ》まるプロの世界《せかい》でもめったに生《う》まれない、野球選手《やきゅうせんしゅ》のひとつの理想型《りそうけい》といえる。この「トリプルスリー」を23歳《さい》という若《わか》さで達成《たっせい》したのが、ヤクルトの山田哲人選手《やまだてつとせんしゅ》だ。

でも、わずか数年前《すうねんまえ》の履正社時代《りせいしゃじだい》、とくに3年生《ねんせい》になる前《まえ》の山田選手《やまだせんしゅ》は、チームメイトからも監督《かんとく》からも、こんな大記録《だいきろく》を達成《たっせい》する選手《せんしゅ》になるとは思《おも》われていなかった。それどころか、プロ野球選手《やきゅうせんしゅ》になるイメージもわかなかった。そんな山田選手《やまだせんしゅ》が大《おお》きくかわるキッカケとなったのは、2年生秋《ねんせいあき》に起《お》きた3つの出来事《できごと》だった。

うまくプレーできなかったから選《えら》んだ野球《やきゅう》の道《みち》

体操《たいそう》、空手《からて》、サッカー、スイミング、スケート……。運動神経《うんどうしんけい》がバツグンで、小《ちい》さなころからさまざまなスポーツに親《した》しんできた山田選手《やまだせんしゅ》。そんな中《なか》、一番《ばん》のめりこんだのが小学《しょうがく》2年生《ねんせい》ではじめた「野球《やきゅう》」だった。ほかのスポーツはなんでもうまくできたのに、野球《やきゅう》は「打《う》つ」「走《はし》る」「守《まも》る」とやることが多《おお》く、うまくプレーできなかったことで、かえって興味《きょうみ》がわいたのだ。

本気《ほんき》でとりくむと、野球《やきゅう》もすぐにうまくなった。はじめのころは「俊足《しゅんそく》の1番打者《ばんだしゃ》」として活躍《かつやく》。しだいに体《からだ》が大《おお》きくなると「長打《ちょうだ》も打《う》てる1番打者《ばんだしゃ》」になった。

2008年《ねん》、中学《ちゅうがく》を卒業《そつぎょう》して、大阪《おおさか》の履正社《りせいしゃ》に進学《しんがく》。持《も》ち前《まえ》の運動神経《うんどうしんけい》と野球《やきゅう》のセンスが評価《ひょうか》され、1年夏《ねんなつ》からベンチ入《い》りメンバーに。1年秋《ねんあき》にははやくも、二塁手《にるいしゅ》のレギュラーとしてプレーするようになった。

2年夏《ねんなつ》には打順《だじゅん》も3番《ばん》となり、チームの主力《しゅりょく》に成長《せいちょう》。大阪大会準決勝《おおさかたいかいじゅんけっしょう》まで勝《か》ちすすんだが、大阪《おおさか》を代表《だいひょう》する強豪校《きょうごうこう》、PL《ピーエル》学園《がくえん》に敗《やぶ》れて甲子園出場《こうしえんしゅつじょう》はかなわなかった。

山田選手《やまだせんしゅ》の急成長《きゅうせいちょう》を生《う》んだ意識改革《いしきかいかく》

このころの山田選手《やまだせんしゅ》は、強豪校《きょうごうこう》のレギュラーとして、まぎれもなく「いい選手《せんしゅ》」だった。でも、「いまひとつ目立《めだ》たない選手《せんしゅ》」と評価《ひょうか》されることも多《おお》かった。

身体能力《しんたいのうりょく》はチームの中《なか》でトップクラス。ただ、とくに努力《どりょく》をしなくても、ふつうに練習《れんしゅう》すればなんでもひと並以上《なみいじょう》にできてしまい、それ以上《いじょう》は自分《じぶん》からは求《もと》めないところがあった。そんな山田選手《やまだせんしゅ》の姿《すがた》を見《み》て、履正社《りせいしゃ》の岡田龍生監督《おかだたつおかんとく》は**「なんてもったいない選手《せんしゅ》だろう。もっとやる気《き》をだせば、もっとすごい選手《せんしゅ》になれるのに」**といつも思《おも》っていたという。

ところが、2年《ねん》の秋《あき》から冬《ふゆ》にかけて、山田選手《やまだせんしゅ》は突然《とつぜん》やる気《き》にめざめ、誰《だれ》よりもはげしい練習《れんしゅう》にとりくむようになった。

一体《いったい》、なにがあったのか?

ひとつのキッカケは、2年秋《ねんあき》の大阪大会準々決勝《おおさかたいかいじゅんじゅんけっしょう》、PL学園《ピーエルがくえん》との試合《しあい》に自分《じぶん》のエラーが原因《げんいん》で負《ま》けたこと。試合後《しあいご》、涙《なみだ》がとまらないほどくやしがる山田選手《やまだせんしゅ》の姿《すがた》があった。

ふたつ目《め》は、秋《あき》のドラフト会議《かいぎ》で、1学年上《がくねんうえ》の選手《せんしゅ》たちが指名《しめい》されるのを見《み》たこと。

「自分《じぶん》も来年《らいねん》、あそこで名前《なまえ》を呼《よ》ばれたい！」と大《おお》いに刺激《しげき》を受《う》けた。

そして、履正社《りせいしゃ》ＯＢ《オービー》で、プロ野球《やきゅう》のオリックスで活躍《かつやく》していたＴ《ティー》－岡田《おかだ》先輩《せんぱい》の打撃練習《だげきれんしゅう》を見《み》たこと。高《たか》いレベルを目《ま》のあたりにして、プロへのあこがれがより強《つよ》くなった。

この３つの刺激《しげき》で、「プロになりたい」と強《つよ》く思《おも》うようになった山田《やまだ》選手《せんしゅ》。だが、岡田《おかだ》監督《かんとく》は「いまのままじゃプロにはいけないぞ」と伝《つた》えた。すると、山田《やまだ》選手《せんしゅ》は意識《いしき》を変《か》えて、野球《やきゅう》に対《たい》して本気《ほんき》でとりくむようになったのだ。

もともと才能《さいのう》はひと一倍《いちばい》あった山田《やまだ》選手《せんしゅ》は、２年《ねん》の秋《あき》から冬《ふゆ》にかけての猛練習《もうれんしゅう》で急成長《きゅうせいちょう》。**その成長《せいちょう》スピードは、岡田監督《おかだかんとく》が「人間《にんげん》は意識《いしき》が変《か》わるだけでこんなに変《か》われるんだ！」**とおどろくほど。３年《ねん》の春《はる》には、大阪《おおさか》では誰《だれ》もがみとめる評判《ひょうばん》の選手《せんしゅ》になっていた。

プロも評価《ひょうか》したホームスチールとホームラン

２０１０年《ねん》、３年夏《ねんなつ》、甲子園《こうしえん》へのさいごのチャンスがやってきた。大阪大会《おおさかたいかい》を順調《じゅんちょう》に勝《か》ち進《すす》んだ履正社《りせいしゃ》は、４回戦《かいせん》でまたしてもＰＬ《ピーエル》学園《がくえん》と対戦《たいせん》。９回表《かいおもて》１アウト二、三塁《るい》。５対《たい》７と履正社《りせいしゃ》が２点《てん》を追《お》いかける場面《ばめん》で、打席《だせき》には山田《やまだ》選手《せんしゅ》。ここで山田《やまだ》選手《せんしゅ》は見事《みごと》に同点《どうてん》タイムリーヒットをはなち、延長戦《えんちょうせん》の末《すえ》に逆転勝利《ぎゃくてんしょうり》。そのいきおいのまま履正社《りせいしゃ》は勝《か》ちすすみ、念願《ねんがん》の甲子園出場《こうしえんしゅつじょう》をもぎとった。大阪大会《おおさかたいかい》での山田選手《やまだせんしゅ》は打率《だりつ》4割《わり》超《ご》え。13打点《だてん》を記録《きろく》した。

第《だい》92回夏《かいなつ》の甲子園大会《こうしえんたいかい》という大舞台《おおぶたい》で、山田選手《やまだせんしゅ》はさらなる活躍《かつやく》をみせた。1回戦《かいせん》では3打数《だすう》2安打《あんだ》とヒットをかさね、めったに見《み》られないホームスチールも成功《せいこう》。全国《ぜんこく》に俊足《しゅんそく》ぶりを披露《ひろう》した。2回戦《かいせん》では聖光学院《せいこうがくいん》の歳内宏明投手《さいうちひろあきとうしゅ》（現《げん》・阪神《はんしん》）から、同点《どうてん》に追《お》いつく2ランホームラン。試合《しあい》には負《ま》けてしまったものの、長打力《ちょうだりょく》とチャンスをものにする勝負《しょうぶ》強《づよ》さをアピールした。その結果《けっか》、たった一度《いちど》の甲子園出場《こうしえんしゅつじょう》にもかかわらず、秋《あき》のドラフト会議《かいぎ》での「ヤクルト1位指名《いしめい》」につながったのだ。

プロ入《い》り後《ご》、4年目《ねんめ》の2014年《ねん》に「日本人右打者《にほんじんみぎだしゃ》のシーズン通算安打記録《つうさんあんだきろく》」を更新《こうしん》（193本《ぼん》）。5年目《ねんめ》の2015年《ねん》には「トリプルスリー」を達成《たっせい》し、ホームラン王《おう》と盗塁《とうるい》王《おう》にもかがやいた。それでもまだ、高《たか》い意識《いしき》でプレーをつづける山田選手《やまだせんしゅ》。このさき一体《いったい》、どこまで進化《しんか》するのだろうか？

GENERATION

同級生《どうきゅうせい》スターたちがしのぎをけずった！ 3 平成甲子園のレジェンド世代

松坂世代《まつざかせだい》

1998年《とし》の甲子園《こうしえん》で「春夏連覇《はるなつれんぱ》」を達成《たっせい》した横浜《よこはま》・松坂大輔《まつざかだいすけ》投手《とうしゅ》の同級生《どうきゅうせい》（1980年度《ねんど》生《う》まれ）を「松坂世代《まつざかせだい》」と呼《よ》ぶ。「打倒松坂《だとうまつざか》！」を合言葉《あいことば》に練習《れんしゅう》にはげんだことで、たくさんのすばらしい選手《せんしゅ》が生《う》まれたのだ。

杉内俊哉《すぎうちとしや》投手《とうしゅ》（巨人《きょじん》）、和田毅《わだつよし》投手《とうしゅ》（ソフトバンク）、藤川球児《ふじかわきゅうじ》投手《とうしゅ》（阪神《はんしん》）、館《たて》山昌平《やましょうへい》投手《とうしゅ》（ヤクルト）など、長年《ながねん》チームの主力投手《しゅりょくとうしゅ》をつとめた選手《せんしゅ》たちばかり。また、野手《やしゅ》でも村田修一《むらたしゅういち》選手《せんしゅ》（巨人《きょじん》）をはじめとしてチームの主砲《しゅほう》やリーダーをまかされた選手《せんしゅ》も多《おお》く、オリンピックやWBC《ダブルビーシー》でも活躍《かつやく》した。

田中世代《たなかせだい》（マー君世代《くんせだい》）

「世代最強《せだいさいきょう》エース」と呼《よ》ばれ、駒大苫《こまだいとま》小牧《こまい》で活躍《かつやく》した田中将大《たなかまさひろ》投手《とうしゅ》（ヤンキース）の同級生《どうきゅうせい》（1988年度《ねんど》生《う》まれ）が「田中世代《たなかせだい》」。田中投手《たなかとうしゅ》の愛称《あいしょう》から「マー君《くん》世代《せだい》」と呼《よ》ぶこともある。

甲子園《こうしえん》決勝戦《けっしょうせん》で投《な》げあった斎藤佑樹《さいとうゆうき》投《とう》手《しゅ》（日本《にほん》ハム）のほか、前田健太《まえだけんた》投手《とうしゅ》（ドジャース）、澤村拓一《さわむらひろかず》投手《とうしゅ》（巨人《きょじん》）、吉川《よしかわ》光夫《みつお》投手《とうしゅ》（日本《にほん》ハム）、大野雄大《おおのゆうだい》投手《とうしゅ》（中《ちゅう》日《にち》）といったチームのエースがズラリ。

また、坂本勇人《さかもとはやと》選手《せんしゅ》（巨人《きょじん》）、秋山翔吾《あきやましょうご》選手《せんしゅ》（西武《せいぶ》）、梶谷隆幸《かじたにたかゆき》選手《せんしゅ》（ＤｅＮＡ《ディー・エヌ・エー》）、柳田悠岐《やなぎたゆうき》選手《せんしゅ》（ソフトバンク）といったリーグを代表《だいひょう》する打者《だしゃ》が多《おお》いのも特徴《とくちょう》。

雄星世代《ゆうせいせだい》

甲子園《こうしえん》で１５４キロを投《な》げ、ドラフト会議《かいぎ》で６球団《きゅうだん》が指名《しめい》した花巻東《はなまきひがし》、菊池雄《きくちゆう》星《せい》投手《とうしゅ》（西武《せいぶ》）の同級生《どうきゅうせい》（１９９１年度《ねんど》生《う》まれ）が「雄星世代《ゆうせいせだい》」だ。

高校時代《こうこうじだい》からライバルとして名勝負《めいしょうぶ》を演《えん》じた今村猛《いまむらたける》投手《とうしゅ》（広島《ひろしま》）、今宮健太《いまみやけんた》選《せん》手《しゅ》（ソフトバンク）、筒香嘉智《つつごうよしとも》選手《せんしゅ》（ＤｅＮＡ《ディー・エヌ・エー》）のほかにも、堂林翔太《どうばやししょうた》選手《せんしゅ》、大瀬良大地《おおせらだいち》選手《せんしゅ》（ともに広島《ひろしま》）といった人気《にんき》選手《せんしゅ》が多《おお》い。

このほか、１９９４年度《ねんど》生《う》まれの大谷《おおたに》翔平《しょうへい》選手《せんしゅ》（日本《にほん》ハム）、藤浪晋太郎《ふじなみしんたろう》投手《とうしゅ》（阪神《はんしん》）ら「大谷《おおたに》・藤浪世代《ふじなみせだい》」も、これからの活躍《かつやく》が期待《きたい》されている。

第4章

甲子園 悲運のエース列伝

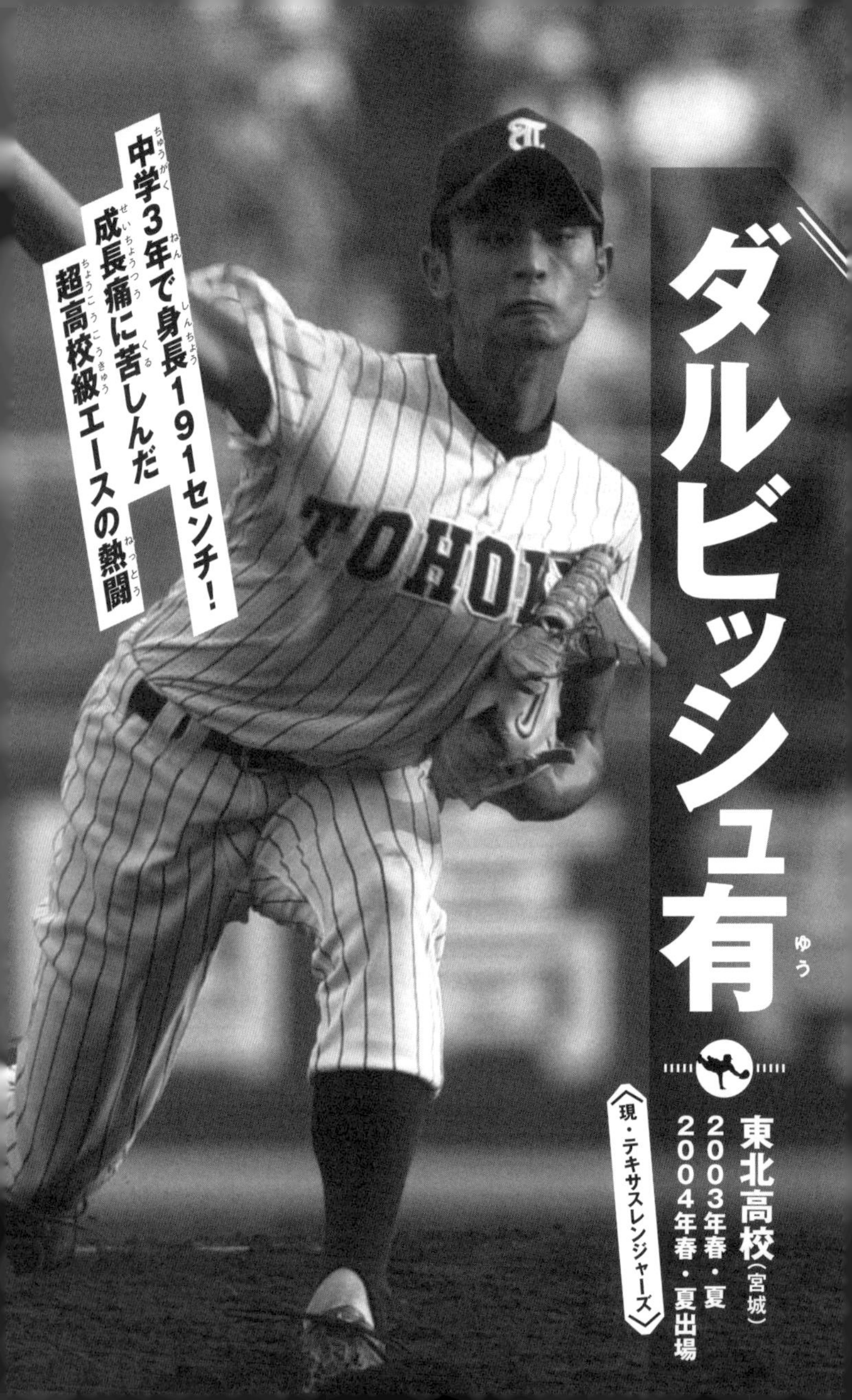

ダルビッシュ有《ゆう》

東北高校（宮城）
2003年春・夏
2004年春・夏出場
〈現・テキサスレンジャーズ〉

中学《ちゅうがく》3年《ねん》で身長《しんちょう》191センチ！ 成長痛《せいちょうつう》に苦《くる》しんだ 超高校級《ちょうこうこうきゅう》エースの熱闘《ねっとう》

「成長痛《せいちょうつう》」と戦《たたか》いながら

「神様《かみさま》、もうこれ以上《いじょう》、僕《ぼく》の身長《しんちょう》をのばさないでください」

その少年《しょうねん》は、毎晩寝《まいばんね》るときに手《て》をあわせ、背《せ》がのびないようにお祈《いの》りをしていたという。

身長《しんちょう》196センチというめぐまれた体格《たいかく》を武器《ぶき》に、メジャーリーグ、テキサス・レンジャーズでもエースとして活躍《かつやく》するダルビッシュ有投手《ゆうとうしゅ》の中学時代《ちゅうがくじだい》のエピソードだ。

中学入学当初《ちゅうがくにゅうがくとうしょ》、まだ170センチにも届《とど》かなかった身長《しんちょう》は、1ヶ月《げつ》に1センチ以上《いじょう》ずつのび、中学卒業《ちゅうがくそつぎょう》のころには191センチにまで成長《せいちょう》したダルビッシュ投手《とうしゅ》。だが、急《きゅう》に身《しん》長《ちょう》がのびる場合《ばあい》は、「成長痛《せいちょうつう》」と呼《よ》ばれる体《からだ》の痛《いた》みで苦労《くろう》することが多《おお》い。中学《ちゅうがく》、高校《こうこう》と、ダルビッシュ投手《とうしゅ》はこの「成長痛《せいちょうつう》」と戦《たたか》いながらプレーしなければならなかった。

全国《ぜんこく》50の高校《こうこう》から誘《さそ》われた超中学生《スーパーちゅうがくせい》

ダルビッシュ投手《とうしゅ》の本名《ほんみょう》は「ダルビッシュ・セファット・ファリード・有《ゆう》」。1986年《ねん》8月《がつ》、元《もと》サッカー選手《せんしゅ》だったイラン人《じん》の父親《ちちおや》と、日本人《にほんじん》の母親《ははおや》との間《あいだ》に生《う》まれた。

父《ちち》の影響《えいきょう》で、小《ちい》さいころはボールをけって遊《あそ》ぶことも多《おお》く、小学校《しょうがっこう》ではアイスホッケーの教室《きょうしつ》にも通《かよ》っていたダルビッシュ少年《しょうねん》。でも、さいごに自分《じぶん》で選《えら》んだのは野球《やきゅう》の道《みち》だった。バッグンの運動神経《うんどうしんけい》を生《い》かして、すぐに地元《じもと》の少年野球《しょうねんやきゅう》チームでレギュラーになり、中学生《ちゅうがくせい》になると地元《じもと》のボーイズリーグに入団《にゅうだん》した。

ただ、このころからダルビッシュ投手《とうしゅ》は、いつもヒジやヒザの痛《いた》みと戦《たたか》いながら野球《やきゅう》をしなければならなかった。骨《ほね》の成長《せいちょう》に筋肉《きんにく》や関節《かんせつ》の成長《せいちょう》が追《お》いつかなかったのだ。だからこそ、さいしょの1年間《ねんかん》はほとんどボールを使《つか》わず、陸上部《りくじょうぶ》のように走《はし》ってばかり。少《すこ》しずつ筋力《きんりょく》トレーニングの量《りょう》を増《ふ》やし、成長痛《せいちょうつう》とも相談《そうだん》しながら、地道《じみち》なトレーニングで体《からだ》をきたえていった。

中学《ちゅうがく》3年生《ねんせい》になると、身長《しんちょう》は190センチを超《こ》え、投《な》げるボールはすでに140キロ近《ちか》かったというダルビッシュ投手《とうしゅ》。変化球《へんかきゅう》はなんでも器用《きよう》に投《な》げることができた。ボーイズリーグでは全国大会《ぜんこくたいかい》ベスト8。日本代表《にほんだいひょう》にも選《えら》ばれ、世界大会《せかいたいかい》3位《い》という好成績《こうせいせき》をのこしたダルビッシュ投手《とうしゅ》は、全国約《ぜんこくやく》50の高校《こうこう》から誘《さそ》われるほどの超有名選手《ちょうゆうめいせんしゅ》になっていた。

木《き》の枝《えだ》のような体《からだ》を、幹《みき》のように太《ふと》く

ダルビッシュ投手《とうしゅ》が進学先《しんがくさき》として選《えら》んだのは、宮城県《みやぎけん》にある野球強豪校《やきゅうきょうごうこう》、東北高校《とうほくこうこう》だ。学校《がっこう》が英語《えいご》の勉強《べんきょう》に力《ちから》をいれていたことが理由《りゆう》のひとつ。だが、ほかにも大《おお》きなきめ手《て》があった。プロも注目《ちゅうもく》する東北《とうほく》の左腕《さわん》エース、最速《さいそく》１５１キロを投《な》げる高井雄平投手《たかいゆうへいとうしゅ》（現《げん》・ヤクルト外野手《がいやしゅ》）のピッチングを見《み》て、「この先輩《せんぱい》からいろんなことを学《まな》びたい」と思《おも》ったのだ。

入学《にゅうがく》すると、そのあこがれの先輩《せんぱい》、高井投手《たかいとうしゅ》と寮《りょう》で同《おな》じ部屋《へや》になり、練習方法《れんしゅうほうほう》やピッチングスタイルなど、さまざまなことを学《まな》んだ。

でも、ダルビッシュ投手《とうしゅ》にはもっとしなければならないことがあった。それが「体《からだ》づくり」だ。中学《ちゅうがく》を卒業《そつぎょう》したときの身長《しんちょう》は１９１センチ。でも、体重《たいじゅう》は69キロしかなかった。細《ほそ》い木《き》の枝《えだ》が折《お》れやすいのと同《おな》じように、そのままの体《からだ》ではケガをする可能性《かのうせい》が高《たか》かった。枝《えだ》ではなく、木《き》の幹《みき》のようにもっと太《ふと》く、強《つよ》い体《からだ》になるように、地道《じみち》な筋力《きんりょく》トレーニングと柔軟体操《じゅうなんたいそう》、プールトレーニングをくりかえした。３ヶ月後《げつご》には柔軟体操《じゅうなんたいそう》で上半身《じょうはんしん》と下半《かはん》

身《しん》がピタッとくっつくほど、ダルビッシュ投手《とうしゅ》の体《からだ》はやわらかくなっていた。

3年生《ねんせい》だった高井投手《たかいとうしゅ》が野球部《やきゅうぶ》を引退《いんたい》した1年秋《ねんあき》、ダルビッシュ投手《とうしゅ》は早速《さっそく》チームのエースになり、ストレートは150キロにもせまるいきおい。そんな新《しん》エース、ダルビッシュ投手《とうしゅ》の活躍《かつやく》もあって秋《あき》の大会《たいかい》で好成績《こうせいせき》をのこした東北《とうほく》は、2003年春《ねんはる》、第《だい》75回《かい》センバツ大会《たいかい》に出場《しゅつじょう》。いよいよ、全国《ぜんこく》の野球《やきゅう》ファンがダルビッシュ投手《とうしゅ》を知《し》ることになる。

「ダルビッシュフィーバー」が生《う》んだ悲劇《ひげき》

2003年春《ねんはる》、第《だい》75回《かい》センバツ大会《たいかい》。甲子園《こうしえん》で「ダルビッシュフィーバー」が起《お》きた。とくにすごかったのが女性人気《じょせいにんき》だ。モデルのようにすらっと長《なが》い手足《てあし》、アイドルのようにさわやかな顔《かお》、そして圧倒的《あっとうてき》な野球《やきゅう》の実力《じつりょく》。女《おんな》の子《こ》がほうっておくはずがなかった。

そして、このダルビッシュ人気《にんき》が悲劇《ひげき》を生《う》んだ。開会式《かいかいしき》のあと、球場《きゅうじょう》の外《そと》にでたダルビッシュ投手《とうしゅ》が女性《じょせい》ファンにかこまれ、腕《うで》をひっぱられ、右《みぎ》わき腹《ばら》を痛《いた》めてしまったのだ。全治《ぜんち》2週間《しゅうかん》という大《おお》きなケガだった。

初戦《しょせん》はなんとか痛《いた》みに耐《た》え、4安打《あんだ》1失点《しってん》の完投勝利《かんとうしょうり》をおさめたダルビッシュ投手《とうしゅ》。だが、つぎの試合《しあい》はケガの影響《えいきょう》もあって9失点《しってん》。9対《たい》10で敗《やぶ》れてしまう。不本意《ふほんい》な形《かたち》で実力《じつりょく》をだしきれないまま、甲子園《こうしえん》を去《さ》ることになってしまった。

リベンジに燃《も》える夏《なつ》。さらにきたえた体《からだ》は78キロにまで増《ふ》えていた。でも、まだ成長痛《せいちょうつう》の影響《えいきょう》でヒザや腰《こし》が万全《ばんぜん》の状態《じょうたい》ではない中《なか》で、2年夏《ねんなつ》の戦《たたか》いに挑《いど》むこととなった。

体《からだ》が痛《いた》くても「僕《ぼく》が投《な》げます」

2003年夏《ねんなつ》、ダルビッシュ投手《とうしゅ》は宮城大会《みやぎたいかい》を勝《か》ちあがり、甲子園《こうしえん》にもどってきた。1回戦《かいせん》は勝《か》ったものの、腰痛《ようつう》の影響《えいきょう》で途中降板《とちゅうこうばん》。2回戦《かいせん》は1失点完投勝利《しってんかんとうしょうり》。投手戦《とうしゅせん》になった3回戦《かいせん》は延長《えんちょう》11回《かい》を1対《たい》0で完封《かんぷう》し、三振《さんしん》は15個《こ》を記録《きろく》した。

だが、甲子園《こうしえん》では勝《か》てば勝《か》つほど、試合《しあい》の間隔《かんかく》が短《みじか》くなる。体《からだ》をしっかり休《やす》ませないと、成長痛《せいちょうつう》の影響《えいきょう》で本来《ほんらい》の力《ちから》をだしきれないのがダルビッシュ投手《とうしゅ》の悩《なや》みだった。東北《とうほく》の若生正廣監督《わこうまさひろかんとく》は目《め》の前《まえ》の勝利《しょうり》よりもダルビッシュ投手《とうしゅ》の将来《しょうらい》を考《かんが》え、健康管理《けんこうかんり》を優先《ゆうせん》。準々決勝《じゅんじゅんけっしょう》はダルビッシュ投手《とうしゅ》をリリーフにまわし、1対《たい》0でなんとか勝利《しょうり》。そして、つづく準決勝《じゅんけっしょう》ではダルビッシュ投手《とうしゅ》を一度《いちど》も投《な》げさせなかった。それでも、東北《とうほく》はチームの総合力《そうごうりょく》で準決勝《じゅんけっしょう》に勝利《しょうり》し、ついに決勝進出《けっしょうしんしゅつ》を果《は》たしたのだ。

決勝戦《けっしょうせん》の相手《あいて》は、春《はる》・夏《なつ》あわせて全国優勝《ぜんこくゆうしょう》2回《かい》、準優勝《じゅんゆうしょう》2回《かい》の名将《めいしょう》、木内幸男監督《きうちゆきおかんとく》がひきいる茨城《いばらき》の常総学院《じょうそうがくいん》。とくに、木内監督《きうちかんとく》はこの大会終了後《たいかいしゅうりょうご》に引退《いんたい》することになっていたため、「さいごは優勝《ゆうしょう》で終《お》わりたい」と気合《きあ》い十分《じゅうぶん》。一方《いっぽう》の東北高校《とうほくこうこう》にとっては、学校《がっこう》としての初優勝《はつゆうしょう》はもちろん、東北地方《とうほくちほう》のどの強豪校《きょうごうこう》も達成《たっせい》できていない「東北勢初優勝《とうほくぜいはつゆうしょう》」を実現《じつげん》する最大《さいだい》のチャンスといえた。そして、東北優勝《とうほくゆうしょう》のカギは、ダルビッシュ投手《とうしゅ》をどこで使《つか》うかだった。

勝利優先《しょうりゆうせん》か、将来優先《しょうらいゆうせん》か。迷《まよ》っていた東北《とうほく》・若生監督《わこうかんとく》に、ダルビッシュ投手《とうしゅ》は「僕《ぼく》が投《な》げます」と先発《せんぱつ》をうったえたのだ。ダルビッシュ投手《とうしゅ》が、はじめて自分《じぶん》から熱《あつ》い気持《きも》ちをぶつけた瞬間《しゅんかん》だった。

試合《しあい》はダルビッシュ投手《とうしゅ》が体《からだ》の痛《いた》みをがまんして9回《かい》を完投《かんとう》。だが、12本《ほん》のヒットを打《う》たれ、2対《たい》4と敗戦《はいせん》。初優勝《はつゆうしょう》とはならなかった。

「自分《じぶん》のせいで負《ま》けた。来年《らいねん》は、誰《だれ》にもかすらせない球《たま》を投《な》げたい」

ダルビッシュ投手《とうしゅ》はそういって、ひと前《まえ》ではめったに見《み》せない涙《なみだ》を流《なが》した。

ノーヒットノーラン達成《たっせい》。しかし……

「誰《だれ》にもかすらせない球《たま》を投《な》げたい」

ダルビッシュ投手《とうしゅ》はその言葉《ことば》を、翌年《よくねん》のセンバツ大会《たいかい》で実現《じつげん》させてしまう。2004年《ねん》春《はる》、第《だい》76回《かい》センバツ大会《たいかい》の1回戦《かいせん》、熊本工業《くまもとこうぎょう》との試合《しあい》で、1本《ぽん》のヒットも打《う》たれない「ノーヒットノーラン」を達成《たっせい》したのだ。さすがに「かすらせない」とはいかなかったが、外野《がいや》に飛《と》んだ打球《だきゅう》がたったの2本《ほん》と、ほぼ完璧《かんぺき》な内容《ないよう》だった。

ただ、ダルビッシュ投手《とうしゅ》の体《からだ》はやはりまだ弱《よわ》かった。つぎの2回戦《かいせん》では試合《しあい》に勝《か》ったものの、ダルビッシュ投手《とうしゅ》は右肩《みぎかた》を痛《いた》めて途中降板《とちゅうこうばん》。つづく準々決勝《じゅんじゅんけっしょう》、この大会《たいかい》で優勝《ゆうしょう》することになる愛媛《えひめ》の済美《さいび》と対戦《たいせん》した東北《とうほく》・若生監督《わこうかんとく》は、どんなにピンチになってもダルビッシュ投手《とうしゅ》を投《な》げさせなかった。試合《しあい》は東北《とうほく》が6対《たい》4とリードしながら、9回裏《かいうら》にまさかのサヨナラ3ランを打《う》たれて敗戦《はいせん》。レフトを守《まも》っていたダルビッシュ選手《せんしゅ》は、自分《じぶん》の真上《まうえ》を飛《と》んでいくそのホームランを、ただ見送《みおく》ることしかできなかった。

2004年《ねん》8月《がつ》。ダルビッシュ投手《とうしゅ》にとって高校《こうこう》さいごの夏《なつ》がやってきた。第《だい》86回夏《かいなつ》の甲子園大会《こうしえんたいかい》に出場《しゅつじょう》したダルビッシュ投手《とうしゅ》は、１回戦《かいせん》、２回戦《かいせん》を連続完封勝利《れんぞくかんぷうしょうり》とすばらしい投球《とうきゅう》をみせた。だが、つぎの３回戦《かいせん》では延長戦《えんちょうせん》の末《すえ》に力《ちから》つき、１対《たい》３で敗退《はいたい》。ダルビッシュ投手《とうしゅ》は「さいごの打者《だしゃ》」として打席《だせき》にたち、見逃《みのが》し三振《さんしん》。誰《だれ》もがみとめる怪物《かいぶつ》・ダルビッシュ有《ゆう》でも、甲子園《こうしえん》で優勝《ゆうしょう》することはできなかったのだ。

ダルビッシュ投手《とうしゅ》と〝3つの約束《やくそく》〟

高校卒業後《こうこうそつぎょうご》、ダルビッシュ投手《とうしゅ》はプロ野球《やきゅう》、日本《にっぽん》ハムに入団《にゅうだん》。プロでもチームのぜったい的《てき》エースになると、高校時代《こうこうじだい》にはできなかったチームの日本一《にほんいち》達成《たっせい》にも大《おお》きく貢献《こうけん》した。

また、日本代表《にほんだいひょう》にも選《えら》ばれ、オリンピックに出場《しゅつじょう》。２００９年《ねん》、野球《やきゅう》の国別世界一《くにべつせかいいち》をきめるワールド・ベースボール・クラシックで日本《にほん》が優勝《ゆうしょう》した瞬間《しゅんかん》、マウンド上《じょう》にいたのがダルビッシュ投手《とうしゅ》だった。

日本《にほん》でやりのこしたことがなくなったダルビッシュ投手《とうしゅ》は、２０１２年《ねん》からメジャーリーグに挑戦《ちょうせん》。アメリカでもエースとして活躍《かつやく》をつづけている。高校時代《こうこうじだい》、あれほど悩《なや》んでいた「体《からだ》の弱《よわ》さ」は、プロの専門《せんもん》トレーニングと、１日《にち》に６回《かい》も７回《かい》も食《た》べる「食事《しょくじ》トレーニング」ですっかり改善《かいぜん》。いまでは体重《たいじゅう》が１００キロを超《こ》え、アメリカ人《じん》と並《なら》んでもまったく引《ひ》けをとらない立派《りっぱ》な体《からだ》になった。

そんなダルビッシュ投手《とうしゅ》はプロ入《い》りするとき、恩師《おんし》・若生正廣監督《わこうまさひろかんとく》と〝３つの約束《やくそく》〟を交《か》わしたという。ひとつが**「日本一《にほんいち》になること」**。もうひとつが**「オリンピックで投《な》げること」**。このふたつはもう達成《たっせい》ずみだ。そして、まだ達成《たっせい》できていない３つ目《め》の約束《やくそく》が**「ワールドシリーズで投《な》げること」**だ。

ワールドシリーズとは、メジャーリーグでその年《とし》の一番《ばん》強《つよ》いチームをきめる試合《しあい》のこと。誰《だれ》よりも「勝《か》ちたい」「成長《せいちょう》したい」という欲求《よっきゅう》が強《つよ》いダルビッシュ投手《とうしゅ》なら、さいごの約束《やくそく》が実現《じつげん》できる日《ひ》も、そう遠《とお》くはないはずだ。

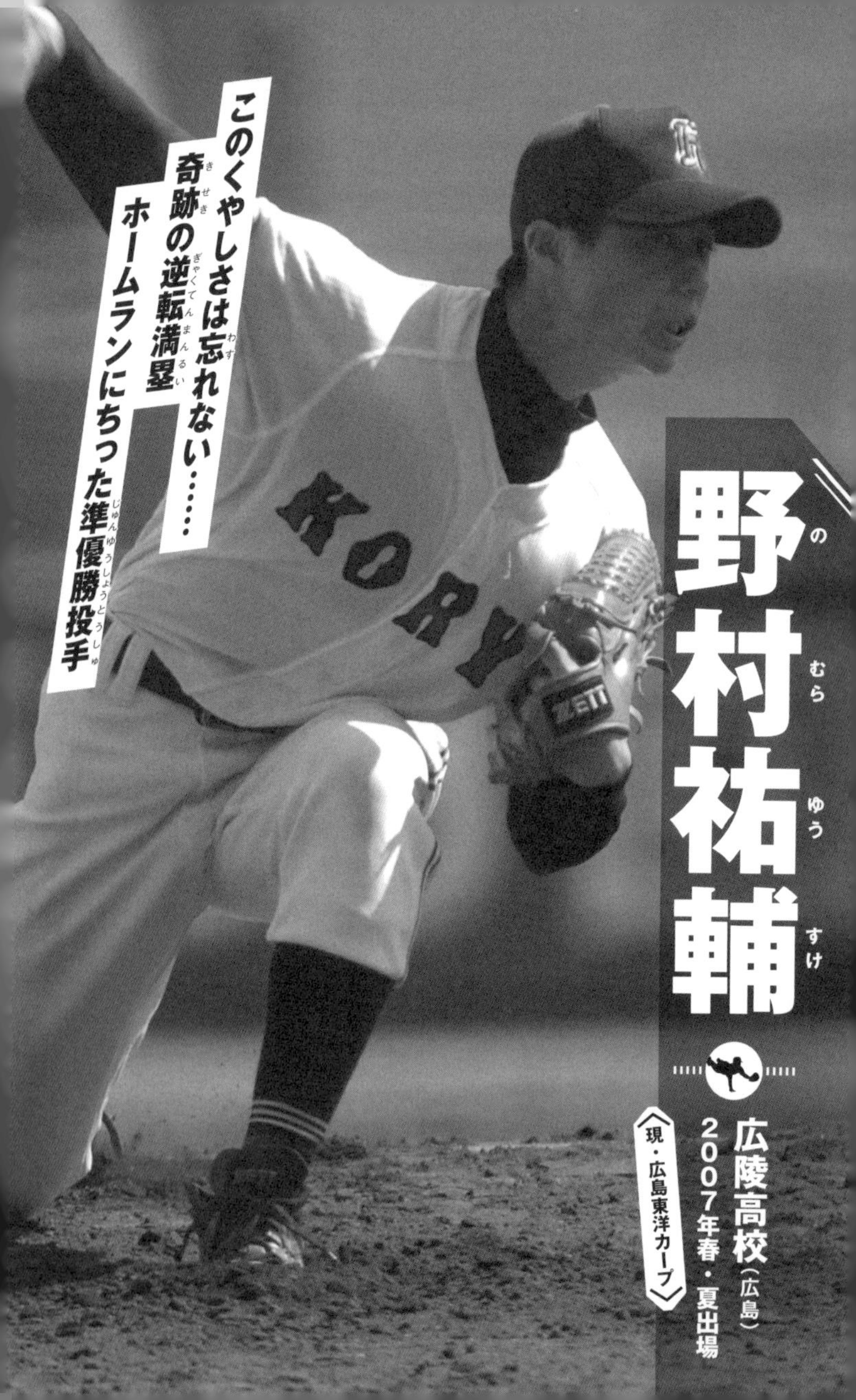

野《の》村《むら》祐《ゆう》輔《すけ》

広陵高校（広島）
2007年春・夏出場
〈現・広島東洋カープ〉

このくやしさは忘《わす》れない……
奇跡《きせき》の逆転《ぎゃくてん》満塁《まんるい》
ホームランにちった準優勝投手《じゅんゆうしょうとうしゅ》

「人気《にんき》の公立校《こうりつこう》」対《たい》「私立校《しりつこう》のエース」

甲子園決勝戦《こうしえんけっしょうせん》、史上最大《しじょうさいだい》の逆転劇《ぎゃくてんげき》——。そう呼《よ》ばれる伝説《でんせつ》の試合《しあい》がある。２００７年《ねん》、夏《なつ》の甲子園大会決勝戦《こうしえんたいかいけっしょうせん》、佐賀北《さがきた》対広陵《たいこうりょう》だ。

佐賀北《さがきた》は、この大会《たいかい》を通《とお》して何度《なんど》も劇的《げきてき》な試合《しあい》をつづけ、一気《いっき》に人気《にんき》チームになった佐賀《さが》の公立校《こうりつこう》だ。公立校《こうりつこう》の優勝《ゆうしょう》は11年《ねん》ぶりだったこと。さらに、決勝戦《けっしょうせん》でも劇的《げきてき》すぎる逆転《ぎゃくてん》満塁《まんるい》ホームランをきめて優勝《ゆうしょう》したことから、この試合《しあい》も当然《とうぜん》のように「佐賀北《さがきた》が主人公《しゅじんこう》」として語《かた》られることが多《おお》い。でも、その佐賀北《さがきた》を相手《あいて》に好投《こうとう》をつづけた広陵《こうりょう》のエース、野村祐輔投手《のむらゆうすけとうしゅ》にとっては、彼《かれ》を「悲運《ひうん》のエース」と呼《よ》びたくなるような試合《しあい》だった。

野村投手《のむらとうしゅ》を成長《せいちょう》させた、熱《あつ》い監督《かんとく》と正捕手《せいほしゅ》との出会《であ》い

野村投手《のむらとうしゅ》は岡山県倉敷市出身《おかやまけんくらしきしゅっしん》。地元《じもと》のヤングリーグで活躍《かつやく》していたが、高校《こうこう》は隣《となり》の広島県《ひろしまけん》にある全国優勝《ぜんこくゆうしょう》３回《かい》の強豪校《きょうごうこう》、広陵《こうりょう》へ進学《しんがく》した。練習《れんしゅう》を見学《けんがく》して、広陵《こうりょう》・中井哲之監督《なかいてつゆきかんとく》の熱意《ねつい》ある指導《しどう》にこころを打《う》たれたからだ。

1年春《ねんはる》からベンチ入《い》りメンバーになり、大《おお》いに期待《きたい》された野村投手《のむらとうしゅ》。フォアボールが少《すく》なく、すぐれた観察力《かんさつりょく》でしっかりとゲームをつくることができる、まさに「エース」と呼《よ》びたくなる安定感《あんていかん》が野村投手《のむらとうしゅ》の特徴《とくちょう》だ。だが、広島大会《ひろしまたいかい》をなかなか勝《か》ち抜《ぬ》くことができず、甲子園出場《こうしえんしゅつじょう》に届《とど》かない日々《ひび》がつづいた。

そんな野村投手《のむらとうしゅ》を「正捕手《せいほしゅ》」としてささえたのが、同級生《どうきゅうせい》の小林誠司選手《こばやしせいじせんしゅ》（現《げん》・巨人《きょじん》）だ。じつは小林選手《こばやしせんしゅ》も投手《とうしゅ》として入学《にゅうがく》。だが、中井監督《なかいかんとく》は小林選手《こばやしせんしゅ》の野球《やきゅう》センスと肩《かた》の強《つよ》さ、まわりに気《き》を利《き》かせられる性格《せいかく》から、「捕手《ほしゅ》になってみないか」と提案《ていあん》したのだ。

小林選手《こばやしせんしゅ》だって、本当《ほんとう》は投手《とうしゅ》で勝負《しょうぶ》がしたかった。それでも、チームが勝《か》つために捕手《ほしゅ》になることを選《えら》び、野村《のむら》・小林《こばやし》バッテリーが誕生《たんじょう》。ふたりのバッグンのコンビネーションで2年秋《ねんあき》の中国大会《ちゅうごくたいかい》で優勝《ゆうしょう》し、翌年春《よくねんはる》のセンバツ大会《たいかい》に出場《しゅつじょう》することになったのだ。

背番号《せばんごう》「6」のエース

2007年春《ねんはる》、第《だい》79回《かい》センバツ大会《たいかい》に出場《しゅつじょう》した広陵《こうりょう》は、1回戦《かいせん》で唐川侑己投手《からかわゆうきとうしゅ》（現《げん》・ロッテ）のいる成田《なりた》と対戦《たいせん》。延長《えんちょう》12回《かい》、2対《たい》1という投手戦《とうしゅせん》を制《せい》し、野村投手《のむらとうしゅ》が完投勝利《かんとうしょうり》。

2回戦《かいせん》も勝《か》ちあがると、準々決勝《じゅんじゅんけっしょう》で東京《とうきょう》の強豪校《きょうごうこう》、帝京《ていきょう》と対戦《たいせん》した。この試合《しあい》で、野村投《のむらとう》手《しゅ》は初回《しょかい》に6失点《しってん》。8回《かい》を投《な》げ14安打《あんだ》7失点《しってん》と打《う》ちこまれ、1対《たい》7で敗《やぶ》れてしまう。

甲子園《こうしえん》からもどると、野村投手《のむらとうしゅ》の背番号《せばんごう》は「1」から「6」へと変《か》わった。「たちあがりに6失点《しってん》するようなチームでは勝《か》てないんだ」という、エースの自覚《じかく》をうながすための中井監督《なかいかんとく》からのメッセージだった。甲子園《こうしえん》でのくやしさからさらに成長《せいちょう》した野村投手《のむらとうしゅ》は、さいごの夏《なつ》、広島大会《ひろしまたいかい》を勝《か》ち抜《ぬ》いて、ふたたび甲子園《こうしえん》にもどってきた。

甲子園《こうしえん》が期待《きたい》した、佐賀北《さがきた》のミラクル

2007年《ねん》8月《がつ》、第《だい》89回夏《かいなつ》の甲子園大会《こうしえんたいかい》に出場《しゅつじょう》した広陵《こうりょう》は、1回戦《かいせん》で、前年《ぜんねん》まで夏《なつ》の甲《こう》子園《しえん》3年連続決勝進出中《ねんれんぞくけっしょうしんしゅつちゅう》の駒大苫小牧《こまだいとまこまい》と対戦《たいせん》。この試合《しあい》で野村投手《のむらとうしゅ》は完投《かんとう》。チームも逆転《ぎゃくてん》勝利《しょうり》をおさめた。その後《ご》も勝《か》ちすすんだ広陵《こうりょう》は、準決勝《じゅんけっしょう》ではセンバツ王者《おうじゃ》、常葉学園菊川《とこはがくえんきくがわ》と対戦《たいせん》。この試合《しあい》も野村投手《のむらとうしゅ》が完投《かんとう》し、4対《たい》3で勝利《しょうり》。ついに、甲子園決勝戦《こうしえんけっしょうせん》にたどりついたのだ。

決勝戦《けっしょうせん》の相手《あいて》は、この大会《たいかい》で「延長引《えんちょうひ》き分《わ》け再試合《さいしあい》での勝利《しょうり》」や優勝候補《ゆうしょうこうほ》・帝京相手《ていきょうあいて》に

「延長《えんちょう》サヨナラ勝《が》ち」など、劇的《げきてき》な試合《しあい》をつづけてブームをおこしていた佐賀北《さがきた》だった。

広陵対佐賀北《こうりょうたいさがきた》の決勝戦《けっしょうせん》は広陵《こうりょう》のペースですすみ、8回表《かいおもて》を終《お》わって4対《たい》0で広陵《こうりょう》がリード。野村投手《のむらとうしゅ》はたった1本《ぽん》のヒットしか打《う》たれていなかった。

むかえた8回裏《かいうら》。野村投手《のむらとうしゅ》は連打《れんだ》をあびて1アウト一、二塁《るい》。初《はじ》めてのピンチだった。

すると突然《とつぜん》、甲子園球場《こうしえんきゅうじょう》に大《おお》きな拍手《はくしゅ》がまきおこった。これまでの大会《たいかい》を通《つう》じて「ミラクル」をつづけてきた佐賀北《さがきた》の逆転劇《ぎゃくてんげき》を期待《きたい》しはじめたのだ。まるで甲子園中《こうしえんじゅう》が敵《てき》のような空気《くうき》の中《なか》で投《な》げなければならなくなった野村投手《のむらとうしゅ》。異様《いよう》な空気《くうき》がプレッシャーとなったのか、自慢《じまん》のコントロールが微妙《びみょう》に乱《みだ》れ、フォアボールで満塁《まんるい》。つづく打者《だしゃ》にも押《お》しだしとなるフォアボールを与《あた》えてしまう。ストライクに見《み》えるようなきわどい球《たま》もあったが、佐《さ》賀北《がきた》の応援《おうえん》ムードがボールの判定《はんてい》を呼《よ》びこんだようだった。

さらに、1アウト満塁《まんるい》という絶体絶命《ぜったいぜつめい》のピンチ。打席《だせき》にはこの大会《たいかい》で2本《ほん》のホームランを打《う》っていたスラッガー、3番《ばん》の副島浩史選手《そえじまひろしせんしゅ》。野村投手《のむらとうしゅ》のスライダーをフルスイングした打球《だきゅう》は、レフトスタンドへと消《き》えた。映画《えいが》やマンガのストーリーでもできすぎな逆転満《ぎゃくてんまん》塁《るい》ホームランが生《う》まれた瞬間《しゅんかん》、甲子園《こうしえん》は地震《じしん》が起《お》きたように大《おお》きくゆれたという。

最終回《さいしゅうかい》、4対《たい》5と1点《てん》を追《お》いかける広陵《こうりょう》。さいごは野村投手《のむらとうしゅ》が打席《だせき》にたち、空《から》ぶり三振《さんしん》でゲームセット。野村投手《のむらとうしゅ》はまさかの逆転負《ぎゃくてんま》けで優勝投手《ゆうしょうとうしゅ》になれなかったのだ。

高校《こうこう》でのくやしさを晴《は》らした「大学日本一《だいがくにほんいち》」

「1球《きゅう》の大事《だいじ》さを知《し》ることができました」

決勝戦《けっしょうせん》のあと、そうコメントした野村投手《のむらとうしゅ》。そのくやしさを晴《は》らし、さらに成長《せいちょう》するために、高校《こうこう》から直接《ちょくせつ》プロではなく、大学《だいがく》で腕《うで》をみがく道《みち》を選《えら》んだ。そして明治大学《めいじだいがく》4年《ねん》の秋《あき》、野村投手《のむらとうしゅ》は大学日本一《だいがくにほんいち》を達成《たっせい》。高校《こうこう》ではなれなかった「優勝投手《ゆうしょうとうしゅ》」「日本一《にほんいち》」という栄冠《えいかん》を勝《か》ちとったのだ。

プロ野球《やきゅう》、広島《ひろしま》に入団《にゅうだん》すると、1年目《ねんめ》に新人王《しんじんおう》を獲得《かくとく》した野村投手《のむらとうしゅ》。誰《だれ》よりも「1球《きゅう》の大事《だいじ》さ、こわさ」を知《し》る男《おとこ》が、今度《こんど》はプロで日本一《にほんいち》になることをめざしている。

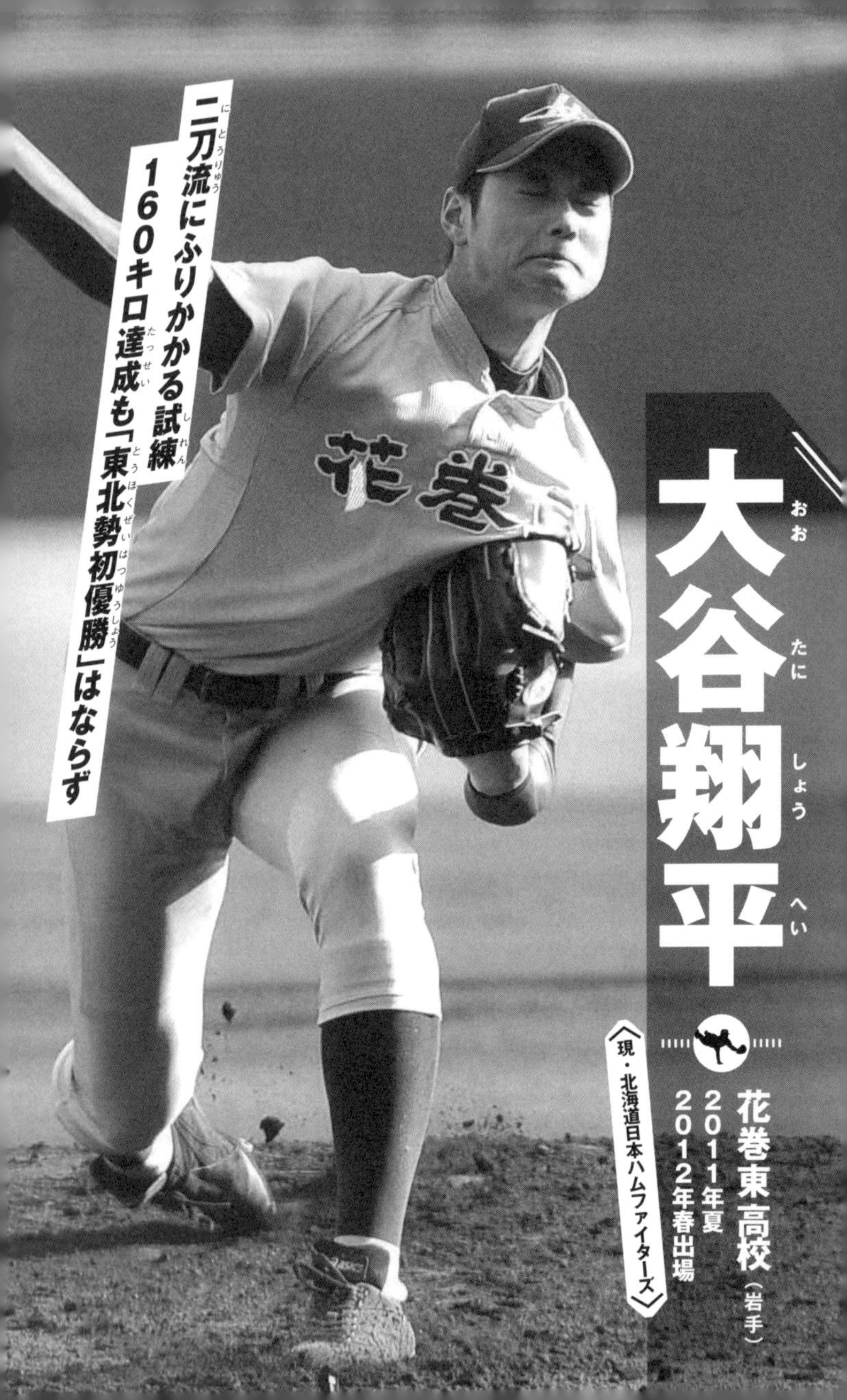

大谷翔平《おおたにしょうへい》

花巻東高校（岩手）
2011年夏
2012年春出場

〈現・北海道日本ハムファイターズ〉

二刀流《にとうりゅう》にふりかかる試練《しれん》
160キロ達成《たっせい》も「東北勢初優勝《とうほくぜいはつゆうしょう》」はならず

目標《もくひょう》は「160キロを投《な》げること」

「菊池雄星投手《きくちゆうせいとうしゅ》のようになりたい」

岩手《いわて》の野球少年《やきゅうしょうねん》にとって、花巻東《はなまきひがし》をセンバツ大会準優勝《たいかいじゅんゆうしょう》、夏の甲子園大会《こうしえんたいかい》ベスト４に導《みちび》いた快速左腕《かいそくさわん》・菊池雄星投手《きくちゆうせいとうしゅ》はあこがれの的《まと》だった。そんな野球少年《やきゅうしょうねん》のひとりが、大谷翔平投手《おおたにしょうへいとうしゅ》だ。雄星投手《ゆうせいとうしゅ》が卒業《そつぎょう》した２０１０年春《ねんはる》、いれ替《か》わるように花巻東《はなまきひがし》の門《もん》をたたいた。

花巻東《はなまきひがし》の佐々木洋監督《ささきひろしかんとく》は、「雄星《ゆうせい》のような才能《さいのう》は、もう二度《にど》と岩手《いわて》からは出《で》ないかもしれない」と考《かんが》えていた。でも、大谷投手《おおたにとうしゅ》を見《み》て、すぐにその考《かんが》えはあやまりだったことに気《き》づいたという。

だからこそ、佐々木監督《ささきかんとく》は大谷選手《おおたにせんしゅ》に「**〝雄星《ゆうせい》みたいになりたい〟ではダメ。それでは雄星《ゆうせい》に追《お》いつけない。雄星《ゆうせい》を超《こ》えるつもりでやりなさい**」と告《つ》げた。菊池投手《きくちとうしゅ》を超《こ》えるため、大谷投手《おおたにとうしゅ》はある目標《もくひょう》をたてた。それが、高校生《こうこうせい》ではまだ誰《だれ》もやったことがない、「１６０キロを投《な》げること」だった。

えんぴつのように細《ほそ》かった体《からだ》

父《ちち》は社会人野球《しゃかいじんやきゅう》の元選手《もとせんしゅ》。母《はは》はバドミントンの元国体選手《もとこくたいせんしゅ》。スポーツ一家《いっか》に生《う》まれた大《おお》谷少年《たにしょうねん》は、子《こ》どものころから背《せ》が高《たか》く、運動神経《うんどうしんけい》もバツグン。父親《ちちおや》の影響《えいきょう》で野球《やきゅう》をはじめると、小《しょう》・中《ちゅう》と全国大会《ぜんこくたいかい》に出場《しゅつじょう》。高校《こうこう》は地元《じもと》・岩手《いわて》の強豪校《きょうごうこう》、花巻東《はなまきひがし》に入学《にゅうがく》した。

高校《こうこう》に入学《にゅうがく》したとき、大谷選手《おおたにせんしゅ》は身長《しんちょう》186センチ、体重《たいじゅう》65キロ。えんぴつのように細《ほそ》い体《からだ》はまだ投手《とうしゅ》として使《つか》うには未完成《みかんせい》だったため、さいしょは打者《だしゃ》として起用《きよう》された。それでも、ときには4番《ばん》をまかせられるほど、打撃《だげき》では高校《こうこう》の先輩《せんぱい》たちにも引《ひ》けをとらなかった。

夏《なつ》の岩手大会《いわてたいかい》が終《お》わり、秋《あき》になるとはやくもエースとして背番号《せばんごう》「1」をつけた大谷投《おおたにとう》手《しゅ》。秋《あき》の東北大会《とうほくたいかい》では147キロを投《な》げ、岩手《いわて》にすごい投手《とうしゅ》がいるらしい、と高校野球《こうこうやきゅう》ファンやスポーツ記者《きしゃ》の間《あいだ》ではすぐに有名《ゆうめい》になった。こうして、順調《じゅんちょう》にスタートした高校生《こうこうせい》活《かつ》。でも、2年生《ねんせい》になるころから、大谷選手《おおたにせんしゅ》にさまざまな試練《しれん》がおそうようになった。

地《じ》震《しん》被《ひ》害《がい》、股《こ》関《かん》節《せつ》痛《つう》。練《れん》習《しゅう》もままならない日《ひ》々《び》

２０１１年《ねん》３月《がつ》11日《にち》。東《ひがし》日《に》本《ほん》大《だい》震《しん》災《さい》が発《はっ》生《せい》。岩《いわ》手《て》県《けん》はとくに被《ひ》害《がい》が大《おお》きい地《ち》域《いき》だった。花《はな》巻《まき》東《ひがし》は内《ない》陸《りく》地《ち》方《ほう》にあったため津《つ》波《なみ》の被《ひ》害《がい》は少《すく》なかったが、同《おな》じ野《や》球《きゅう》部《ぶ》員《いん》には家《か》族《ぞく》と連《れん》絡《らく》がとれない選《せん》手《しゅ》も多《おお》かった。花《はな》巻《まき》東《ひがし》野《や》球《きゅう》部《ぶ》は約《やく》1ヶ月《げつ》、練《れん》習《しゅう》ができなかった。

1年《ねん》生《せい》から2年《ねん》生《せい》にあがる、大《だい》事《じ》な時《じ》期《き》に満《まん》足《ぞく》なトレーニングができなかった大《おお》谷《たに》投《とう》手《しゅ》。それでも、春《はる》の岩《いわ》手《て》大《たい》会《かい》では優《ゆう》勝《しょう》。地《じ》力《りき》のちがいを見《み》せつけた。

ところが、夏《なつ》の大《たい》会《かい》前《まえ》に大《おお》谷《たに》選《せん》手《しゅ》は股《こ》関《かん》節《せつ》を痛《いた》め、満《まん》足《ぞく》に投《な》げられない状《じょう》況《きょう》になってしまう。そのため、岩《いわ》手《て》大《たい》会《かい》ではほぼ野《や》手《しゅ》として出《しゅつ》場《じょう》。投《とう》手《しゅ》として投《な》げることもあったが、痛《いた》みどめの注《ちゅう》射《しゃ》を打《う》ちながらの登《とう》板《ばん》では満《まん》足《ぞく》のいく投《とう》球《きゅう》は少《すく》なかった。それでも、大《おお》谷《たに》選《せん》手《しゅ》はバットでチームをもりたて、花《はな》巻《まき》東《ひがし》は見《み》事《ごと》、甲《こう》子《し》園《えん》出《しゅつ》場《じょう》の切《きっ》符《ぷ》をつかんだのだ。

打《う》ってはタイムリー。投《な》げては150キロ

２０１１年《ねん》夏《なつ》、第《だい》93回《かい》夏《なつ》の甲《こう》子《し》園《えん》大《たい》会《かい》に出《しゅつ》場《じょう》した花《はな》巻《まき》東《ひがし》。1回《かい》戦《せん》の相《あい》手《て》は全《ぜん》国《こく》優《ゆう》勝《しょう》3回《かい》

の名門校《めいもんこう》、東京《とうきょう》の帝京《ていきょう》だ。大谷選手《おおたにせんしゅ》は3番《ばん》ライトで出場《しゅつじょう》。打《う》ちあいとなったこの試合《しあい》、5対《たい》7と花巻東《はなまきひがし》が2点《てん》を追《お》いかける6回《かい》の攻撃《こうげき》で、大谷選手《おおたにせんしゅ》は同点《どうてん》に追《お》いつく2点《てん》タイムリーヒットをはなち、打者《だしゃ》として存在感《そんざいかん》をしめした。

ただ、投手《とうしゅ》・大谷《おおたに》としては不完全燃焼《ふかんぜんねんしょう》。まだ股関節《こかんせつ》の痛《いた》みはひかず、思《おも》いきりふみこんで投《な》げることができなかったからだ。4回途中《かいとちゅう》からマウンドにあがった大谷投手《おおたにとうしゅ》は3点《てん》を失《うしな》い、試合《しあい》もけっきょく、7対《たい》8で敗《やぶ》れた。それでも、大谷投手《おおたにとうしゅ》はこの試合《しあい》で最速《さいそく》150キロをマーク。2年生《ねんせい》での150キロは、あの田中将大投手《たなかまさひろとうしゅ》（現《げん》・ヤンキース）以来《いらい》の記《き》録《ろく》だ。ニューヒーロー誕生《たんじょう》の予感《よかん》に甲子園《こうしえん》がわいた。

藤浪投手《ふじなみとうしゅ》との「190センチ対決《たいけつ》」

エース・大谷《おおたに》の力《ちから》で、今度《こんど》こそ雄星投手《ゆうせいとうしゅ》もできなかった日本一《にほんいち》を！　周囲《しゅうい》の期待《きたい》は高《たか》まる一方《いっぽう》だったが、大谷選手《おおたにせんしゅ》の股関節《こかんせつ》はなかなかよくならなかった。

ただ、このケガが結果的《けっかてき》には大谷選手《おおたにせんしゅ》をさらに成長《せいちょう》させた。ケガの予防《よぼう》、再発防止《さいはつぼうし》のために柔軟体操《じゅうなんたいそう》に重点的《じゅうてんてき》にとりくみ、もともとやわらかかった大谷選手《おおたにせんしゅ》の体《からだ》はさらに柔軟《じゅうなん》になった。その結果《けっか》、まるでムチをしならせるように投《な》げる大谷選手《おおたにせんしゅ》の投球《とうきゅう》にさらに磨《みが》きをかけたのだ。また、骨《ほね》を成長《せいちょう》させるためにしっかり睡眠《すいみん》をとり、食事《しょくじ》の量《りょう》と質《しつ》も見《み》なおした。朝《あさ》からどんぶり3杯《ばい》、夜《よる》は7杯《はい》を日課《にっか》にして、練習《れんしゅう》の間《あいだ》にもおにぎりをこまめに食《た》べた結果《けっか》、身長《しんちょう》は193センチ、体重《たいじゅう》は86キロと、入学《にゅうがく》したときから20キロ以上《いじょう》増《ふ》えていた。

2年秋《ねんあき》の東北大会《とうほくたいかい》は投手《とうしゅ》としては出場《しゅつじょう》せず、打者《だしゃ》に専念《せんねん》。なんとか東北大会《とうほくたいかい》ベスト4まで勝《か》ちあがった花巻東《はなまきひがし》は、2012年春《ねんはる》、第《だい》84回《かい》センバツ大会《たいかい》に出場《しゅつじょう》をはたした。

センバツ1回戦《かいせん》の相手《あいて》は優勝候補《ゆうしょうこうほ》の大阪桐蔭《おおさかとういん》。「190センチ対決《たいけつ》」として、197センチの長身《ちょうしん》エース、藤浪晋太郎《ふじなみしんたろう》投手《とうしゅ》と大谷選手《おおたにせんしゅ》の対決《たいけつ》に注目《ちゅうもく》が集《あつ》まった。

大谷選手《おおたにせんしゅ》は2回裏《かいうら》、さいしょの打席《だせき》でライトスタンドに飛《と》びこむホームランをはなち、花巻東《はなまきひがし》が先制《せんせい》。だが、このあとはいいところがなかった。打《う》つほうでは2打席目以降《だせきめいこう》ノーヒット。そして、先発投手《せんぱつとうしゅ》としてたったマウンドでは11四死球《ししきゅう》で9失点《しってん》。球速《きゅうそく》は150キロを記録《きろく》したものの、やはり下半身《かはんしん》に不安《ふあん》があり、本来《ほんらい》の投球《とうきゅう》ができなかったのだ。2対《たい》9、またも1回戦敗退《かいせんはいたい》となってしまった。

「夢《ゆめ》の160キロ」で崩《くず》れたバランス

大谷選手《おおたにせんしゅ》の最大《さいだい》の課題《かだい》は、ケガの再発《さいはつ》を恐《おそ》れて、全力《ぜんりょく》で投《な》げられないことだった。それでも、さいごの夏《なつ》にむけて少《すこ》しずつトレーニングの量《りょう》を増《ふ》やし、「全力投球《ぜんりょくとうきゅう》」のための準《じゅん》備《び》をかさねた。その努力《どりょく》が実《みの》ったのが夏《なつ》の岩手大会準決勝《いわてたいかいじゅんけっしょう》だ。大谷選手《おおたにせんしゅ》はこの試合《しあい》で、とうとう目標《もくひょう》だった「１６０キロ」を投《な》げたのだ。その球《たま》は、受《う》ける捕手《ほしゅ》も「ショートバウンドだ」と思《おも》ったほど低《ひく》くきた球《たま》がホームベース手前《てまえ》でグンとのび、ストライクとなった。高校野球《こうこうやきゅう》の歴史《れきし》が変《か》わった瞬間《しゅんかん》だった。

だが、大谷選手《おおたにせんしゅ》は甲子園《こうしえん》にもどってくることができなかった。準決勝《じゅんけっしょう》には勝《か》ったものの、決勝戦《けっしょうせん》で3対《たい》5と負《ま》けてしまったのだ。負《ま》けた原因《げんいん》は、準決勝《じゅんけっしょう》の「１６０キロ」でまわりの騒《さわ》ぎが大《おお》きくなり、心身《しんしん》のバランスが崩《くず》れてしまったこと。そしてもうひとつが、決勝《けっしょう》戦《せん》の3回《かい》に打《う》たれた3ランホームランだ。この打球《だきゅう》はファウルにも見《み》えるあたりだったため、確認《かくにん》のために試合《しあい》が一時中断《いちじちゅうだん》。それでも、判定《はんてい》は変《か》わらなかった。

「際《きわ》どいあたりだったけど、そこに投《な》げてしまった自分《じぶん》のせいです」

試合後《しあいご》、大谷選手《おおたにせんしゅ》は大粒《おおつぶ》の涙《なみだ》を流《なが》しながら、自分《じぶん》の弱《よわ》さをふりかえった。

前代未聞《ぜんだいみもん》の「二刀流《にとうりゅう》プロ野球選手《やきゅうせんしゅ》」

高校時代《こうこうじだい》の大谷選手《おおたにせんしゅ》は、体《からだ》の成長《せいちょう》がプレー内容《ないよう》に追《お》いつかず、打《う》つほうでも投《な》げるほうでも不完全燃焼《ふかんぜんねんしょう》だった。そんな大谷選手《おおたにせんしゅ》をドラフト会議《かいぎ》で指名《しめい》した日本《にっぽん》ハムは、投手《とうしゅ》としても打者《だしゃ》としてもプレーする「二刀流《にとうりゅう》プラン」を用意《ようい》した。長《なが》いプロ野球《やきゅう》の歴史《れきし》で、投手《とうしゅ》と打者《だしゃ》の両方《りょうほう》で一流《いちりゅう》になった選手《せんしゅ》はゼロ。その「誰《だれ》もやったことがない」点《てん》に魅力《みりょく》を感《かん》じた大谷選手《おおたにせんしゅ》は、**前代未聞《ぜんだいみもん》の「二刀流《にとうりゅう》プロ野球選手《やきゅうせんしゅ》」としてプレーするようになったのだ。**

プロに入《はい》ってさらに体《からだ》を大《おお》きく、強《つよ》くした大谷選手《おおたにせんしゅ》の投《な》げる球《たま》は、日本記録《にほんきろく》の163キロにスピードアップ。打《う》ってもホームランの活躍《かつやく》で、プロ3年目《ねんめ》には「2ケタ勝利《しょうり》&2ケタホームラン」という、まさに誰《だれ》もやったことのない大記録《だいきろく》を達成《たっせい》。いまでは日本中《にほんじゅう》の野《や》球少年《きゅうしょうねん》が、「大谷選手《おおたにせんしゅ》のようになりたい」とあこがれを抱《いだ》いている。

安楽智大《あんらくともひろ》

済美高校（愛媛）
2013年春・夏出場
〈現・東北楽天ゴールデンイーグルス〉

ヒジ痛《つう》におそわれた157キロ右腕《うわん》……
名監督《めいかんとく》と二人三脚《ににんさんきゃく》でめざした
大《だい》エースへの道《みち》

安楽投手《あんらくとうしゅ》と〝3つの約束《やくそく》〟

1：甲子園《こうしえん》で優勝《ゆうしょう》すること
2：160キロをだすこと
3：ドラフト1位《い》でプロの世界《せかい》へすすむこと

これは、「四国《しこく》の怪童《かいどう》」と呼《よ》ばれた安楽智大投手《あんらくともひろとうしゅ》が高校《こうこう》に入学《にゅうがく》したとき、済美《さいび》の上甲正《じょうこうまさ》典監督《のりかんとく》と交《か》わした〝3つの約束《やくそく》〟だ。ダイナミックな投球《とうきゅう》フォームからくりだすスピードは、2年生春《ねんせいはる》の段階《だんかい》で152キロ。約束《やくそく》を達成《たっせい》するため、安楽投手《あんらくとうしゅ》は最短距離《さいたんきょり》をつっぱしっていた。だが、2年春以降《ねんはるいこう》、さまざまな試練《しれん》が安楽投手《あんらくとうしゅ》の前《まえ》にたちはだかった。

上甲正典監督《じょうこうまさのりかんとく》と歩《あゆ》みはじめた「大《だい》エース」への道《みち》

「野球王国《やきゅうおうこく》」と呼《よ》ばれるほど野球《やきゅう》が盛《さか》んな愛媛県松山市《えひめけんまつやまし》。この地《ち》で生《う》まれそだった安楽投《あんらくとう》手《しゅ》は、当然《とうぜん》のように野球《やきゅう》に夢中《むちゅう》になり、小学《しょうがく》6年《ねん》で球速《きゅうそく》は125キロを記録《きろく》。中学生《ちゅうがくせい》になると豪腕《ごうわん》&強打《きょうだ》の大型選手《おおがたせんしゅ》として、その進路《しんろ》に注目《ちゅうもく》が集《あつ》まっていた。

はじめは、野球《やきゅう》の名門校《めいもんこう》・大阪桐蔭《おおさかとういん》に入《はい》って全国制覇《ぜんこくせいは》をしたい、と考《かんが》えていた安楽投手《あんらくとうしゅ》。だが、「スーパースターがそろっているチームで投《な》げるよりも、愛媛《えひめ》にのこって、そこでひとつでも多《おお》く勝《か》って恩《おん》がえしがしたい」と、地元《じもと》の強豪校《きょうごうこう》、済美《さいび》に入学《にゅうがく》をした。

そんな安楽投手《あんらくとうしゅ》を待《ま》っていたのが上甲監督《じょうこうかんとく》だ。上甲監督《じょうこうかんとく》は、宇和島東《うわじまひがし》、済美《さいび》の２つの学《がっ》校《こう》で「センバツ初出場初優勝《はつしゅつじょうはつゆうしょう》」という快挙《かいきょ》を達成《たっせい》した、四国《しこく》がほこる名監督《めいかんとく》だ。安楽投手《あんらくとうしゅ》はこの名監督《めいかんとく》と二人三脚《ににんさんきゃく》で、「大《だい》エース」への道《みち》を歩《あゆ》みはじめた。

入学後《にゅうがくご》、すでに１４０キロを超《こ》えていたスピードボールを武器《ぶき》にベンチメンバーに入《はい》ると、秋《あき》からはエースナンバー「１」を背負《せお》い、四国大会《しこくたいかい》でベスト４。約束《やくそく》のひとつ、「甲《こう》子園優勝《しえんゆうしょう》」のため、センバツ大会《たいかい》に挑《いど》むこととなった。

2年生《ねんせい》で投《な》げた「甲子園大会史上最速《こうしえんたいかいしじょうさいそく》タイ記録《きろく》」

２０１３年春《ねんはる》、第《だい》85回《かい》センバツ大会《たいかい》に出場《しゅつじょう》した安楽投手《あんらくとうしゅ》は、まさに「豪腕《ごうわん》」といいたくなる投球《とうきゅう》を披露《ひろう》した。初戦《しょせん》の広陵戦《こうりょうせん》で延長《えんちょう》13回《かい》、２３２球《きゅう》を投《な》げて３失点完投勝利《しってんかんとうしょうり》をおさめると、準決勝《じゅんけっしょう》まですべて完投勝利《かんとうしょうり》でチームを決勝戦《けっしょうせん》に導《みちび》いたのだ。

つかれがでた決勝戦《けっしょうせん》では埼玉《さいたま》の浦和学院《うらわがくいん》に打《う》ちこまれ、６回《かい》で降板《こうばん》。試合《しあい》も１対《たい》17と大《たい》敗《はい》してしまったが、夢《ゆめ》にあと一歩《いっぽ》とせまる準優勝《じゅんゆうしょう》。さらに、この大会《たいかい》で投《な》げた球速《きゅうそく》１５２キロは、２年生《ねんせい》としてはあの田中将大《たなかまさひろ》投手《とうしゅ》（現《げん》・ヤンキース）、大谷翔平《おおたにしょうへい》投手《とうしゅ》（現《げん》・日本《にっぽん》ハム）が記録《きろく》した１５０キロを抜《ぬ》き、**「２年生《ねんせい》での甲子園《こうしえん》大会《たいかい》史上《しじょう》最速《さいそく》投手《とうしゅ》」**となった。

夏《なつ》こそ「甲子園《こうしえん》優勝《ゆうしょう》」。そして「１６０キロ」へ。さらにトレーニングをつんだ安楽《あんらく》投手《とうしゅ》は愛媛《えひめ》大会《たいかい》で「１５７キロ」をマーク。剛速球《ごうそっきゅう》で愛媛《えひめ》の強豪校《きょうごうこう》をつぎつぎと倒《たお》し、甲子園出場《こうしえんしゅつじょう》をきめた。

２０１３年夏《ねんなつ》、ふたたび甲子園《こうしえん》にもどってきた安楽《あんらく》投手《とうしゅ》は、初戦《しょせん》でいきなり「１５５キロ」を記録《きろく》。これは、２００７年夏《ねんなつ》の仙台育英《せんだいいくえい》・佐藤由規《さとうよしのり》投手《とうしゅ》（現《げん》・ヤクルト）に並《なら》ぶ「甲子園《こうしえん》大会《たいかい》史上《しじょう》最速《さいそく》タイ記録《きろく》」だ。甲子園《こうしえん》はおどろきにつつまれた。

だが、スピードはでるのに調子《ちょうし》はいまひとつの安楽《あんらく》投手《とうしゅ》。じつは愛媛《えひめ》大会《たいかい》のあとに右肩《みぎかた》が痛《いた》くなり、さらに甲子園《こうしえん》にきてから体調《たいちょう》も崩《くず》していたのだ。それでもなんとかふんばり、初戦《しょせん》は９対《たい》７で勝利《しょうり》。だが、つぎの試合《しあい》では強豪《きょうごう》・花巻東《はなまきひがし》に延長戦《えんちょうせん》の末《すえ》、６対《たい》７で敗戦《はいせん》。１８３球《きゅう》を投《な》げて14三振《さんしん》をうばい、10回裏《かいうら》には１点差《てんさ》にせまる３ランホームランを打《う》った安楽投手《あんらくとうしゅ》だったが、あと1点《てん》が遠《とお》かった。

失《うしな》ってしまった球速《きゅうそく》、豪腕《ごうわん》。そして恩師《おんし》。

高校《こうこう》2年《ねん》にして１５７キロを投《な》げ、「１６０キロ」も現実的《げんじつてき》な目標《もくひょう》になってきた安楽投手《あんらくとうしゅ》。甲子園大会後《こうしえんたいかいご》には日本代表《にほんだいひょう》メンバーに選《えら》ばれ、世界大会《せかいたいかい》に出場《しゅつじょう》。ベストナインに相当《そうとう》する「オールスターチームの先発投手《せんぱつとうしゅ》」にも選《えら》ばれる活躍《かつやく》をみせた。

ところが、愛媛大会《えひめたいかい》から甲子園《こうしえん》、そして世界大会《せかいたいかい》と試合《しあい》がつづいたことで、今度《こんど》は右《みぎ》ヒジを痛《いた》めてしまう。そしてここから、安楽投手《あんらくとうしゅ》のケガとの長《なが》い戦《たたか》いがつづいた。

はじめは、１ケ月《げつ》で治《なお》る、といわれていたケガだったが、秋《あき》が終《お》わり、冬《ふゆ》を越《こ》えてもよくならなかった。当然《とうぜん》、センバツ大会《たいかい》には出場《しゅつじょう》できなかった。

さいごの夏《なつ》の大会《たいかい》にむけて、ようやく練習試合《れんしゅうじあい》で投《な》げられるようになったのが3年《ねん》の4月《がつ》。公式戦《こうしきせん》のマウンドにたてたのは、甲子園《こうしえん》の切符《きっぷ》をかけた愛媛大会《えひめたいかい》の１回戦《かいせん》。２９７日《にち》ぶりのマウンドだった。

だが、長《なが》いブランクで、かつての豪腕《ごうわん》ぶりは影《かげ》をひそめてしまった。最速《さいそく》は１４８キロ。

３回戦《かいせん》で敗《やぶ》れ、甲子園《こうしえん》にもどることはできなかった。安楽投手《あんらくとうしゅ》の高校野球《こうこうやきゅう》は終《お》わった。

そして、夏《なつ》の大会《たいかい》が終《お》わった直後《ちょくご》、さらなる悲劇《ひげき》が安楽投手《あんらくとうしゅ》をおそった。ずっと安楽投《あんらくとう》手《しゅ》をささえてきた上甲監督《じょうこうかんとく》が、病気《びょうき》で突然《とつぜん》亡《な》くなってしまったのだ。恩《おん》がえしができなかったくやしさで号泣《ごうきゅう》した安楽投手《あんらくとうしゅ》は、それでもさいごに、こんなお別《わか》れのあいさつをした。

「入学《にゅうがく》したとき、監督《かんとく》さんと、３つの約束《やくそく》をしましたね。『甲子園優勝《こうしえんゆうしょう》』『球速《きゅうそく》１６０キロをだすこと』『ドラフト1位《い》でプロ野球《やきゅう》にいくこと』。その２つの目標《もくひょう》は果《は》たせなかったのですが、いま、３つ目《め》の目標《もくひょう》に向《む》かって歩《あゆ》んでいます。監督《かんとく》さんと約束《やくそく》をした球速《きゅうそく》１６０キロのボールにも挑戦《ちょうせん》しつづけます」

その言葉通《ことばどお》り、秋《あき》のドラフト会議《かいぎ》でプロ野球《やきゅう》、楽天《らくてん》にドラフト1位《い》で指名《しめい》された安楽投《あんらくとう》手《しゅ》。上甲監督《じょうこうかんとく》との約束《やくそく》、球速《きゅうそく》１６０キロへの挑戦《ちょうせん》は、これからもつづいていく。

4 補欠《ほけつ》でもあきらめずプロをめざせ！

平成甲子園のレジェンド補欠

SUBSTITUTE

黒田博樹《くろだひろき》投手《とうしゅ》（現《げん》・広島《ひろしま》）

大阪《おおさか》の強豪校《きょうごうこう》・上宮《うえのみや》では3番手《ばんて》投手《とうしゅ》。公式戦《こうしきせん》での登板《とうばん》はほとんどなく、エースの投《な》げすぎを防《ふせ》ぐために練習《れんしゅう》や練習《れんしゅう》試合《じあい》ではたくさん投《な》げていた。

専修大学《せんしゅうだいがく》に進学《しんがく》してから成長《せいちょう》し、プロ野球《やきゅう》・広島《ひろしま》では不動《ふどう》のエースとして活躍《かつやく》。その後《ご》、メジャーリーグでもドジャースやヤンキースといった名門《めいもん》チームでエースになり、日本人《にっぽんじん》投手《とうしゅ》としてはじめて「5年連続《ねんれんぞく》2ケタ勝利《しょうり》」という大記録《だいきろく》をつくった。

上原浩治《うえはらこうじ》投手《とうしゅ》（現《げん》・レッドソックス）

大阪《おおさか》・東海大仰星《とうかいだいぎょうせい》時代《じだい》は、建山義紀《たてやまよしのり》投《とう》手《しゅ》（元《もと》・日本《にほん》ハムほか）の控《ひか》え投手《とうしゅ》。高《こう》校卒業後《こうそつぎょうご》1年間《ねんかん》、勉強《べんきょう》とアルバイトにはげみ、それから大阪体育大学《おおさかたいいくだいがく》に進学《しんがく》。大《だい》学日本代表《がくにほんだいひょう》のエースとして、メジャーからも注目《ちゅうもく》される投手《とうしゅ》に成長《せいちょう》した。プロ野球《やきゅう》では巨人《きょじん》のエースとして活躍《かつやく》。メジャーリーグでは名門《めいもん》レッドソックスの守護神《しゅごしん》として世界一《せかいいち》に貢献《こうけん》した。苦労《くろう》した経験《けいけん》が長《なが》いことから、自分《じぶん》のことを「雑《ざっ》草《そう》」と表現《ひょうげん》する。

澤村拓一《さわむらひろかず》投手《とうしゅ》（現《げん》・巨人《きょじん》）

栃木《とちぎ》・佐野日大時代《さのにちだいじだい》は高三春《こうさんはる》までエースだったが、調子《ちょうし》を落《お》として3番手投手に。さいごの夏《なつ》は一度《いちど》も登板機会《とうばんきかい》がなかった。中央大学《ちゅうおうだいがく》に進学後《しんがくご》、筋力《きんりょく》トレーニングで体重《たいじゅう》を15キロ以上《いじょう》も増《ふ》やし、157キロの剛速球《ごうそっきゅう》が投《な》げられるように。プロ野球《やきゅう》・巨人《きょじん》ではその剛速球《ごうそっきゅう》を生《い》かし、おさえ投手《とうしゅ》として活躍中《かつやくちゅう》。

又吉克樹《またよしかつき》投手《とうしゅ》（現《げん》・中日《ちゅうにち》）

沖縄《おきなわ》・西原時代《にしはらじだい》は、毎日《まいにち》、200球近《きゅうちか》く投《な》げる「打撃投手《だげきとうしゅ》」。親《おや》に「教師《きょうし》になるために大学《だいがく》にいきたい。野球《やきゅう》はやらない」とウソをついて環太平洋大学《かんたいへいようだいがく》に進学《しんがく》。入学《にゅうがく》したときに110キロ程度《ていど》だったストレートは卒業《そつぎょう》するときには140キロ台《だい》に。大学卒業後《だいがくそつぎょうご》は、野球《やきゅう》の独立《どくりつ》リーグ・四国《しこく》アイランドリーグplusの香川《かがわ》オリーブガイナーズに入団《にゅうだん》。そこでの投球《とうきゅう》が評価《ひょうか》され、プロ野球《やきゅう》・中日《ちゅうにち》に入団《にゅうだん》。中《なか》継《つ》ぎ投手《とうしゅ》で60試合《しあい》以上《いじょう》を投《な》げる「タフな投手《とうしゅ》」として活躍《かつやく》している。

第5章

甲子園ニュースター列伝

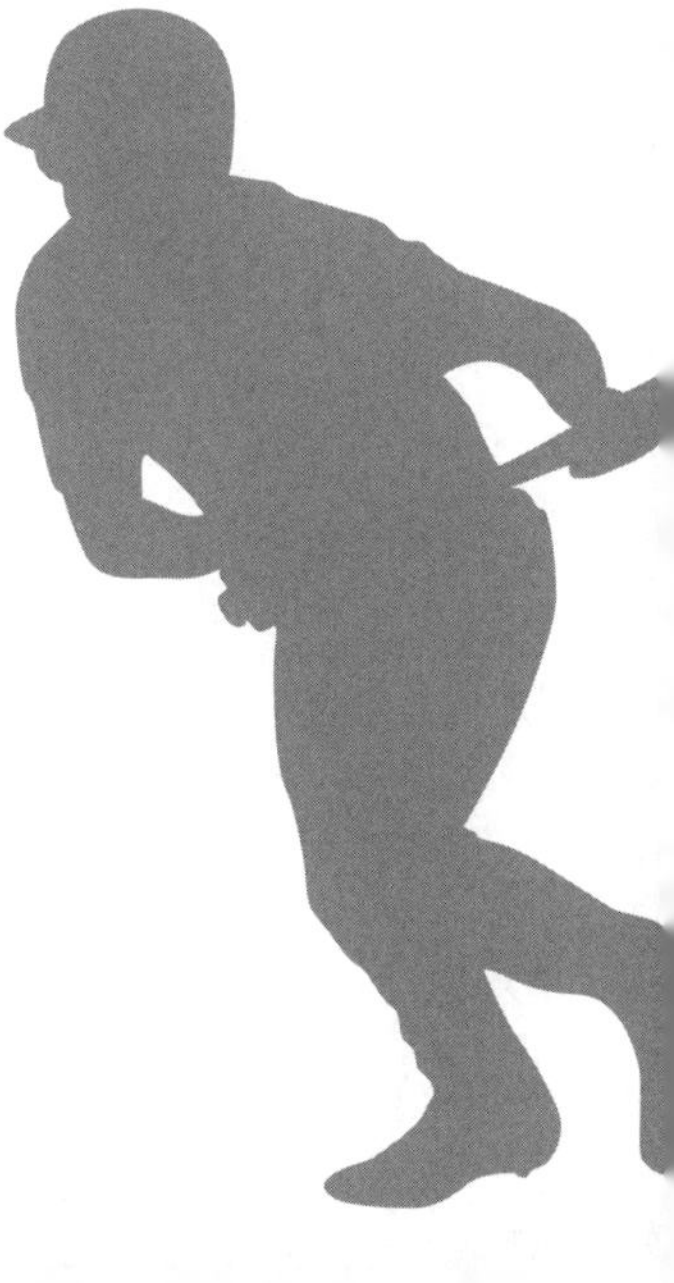

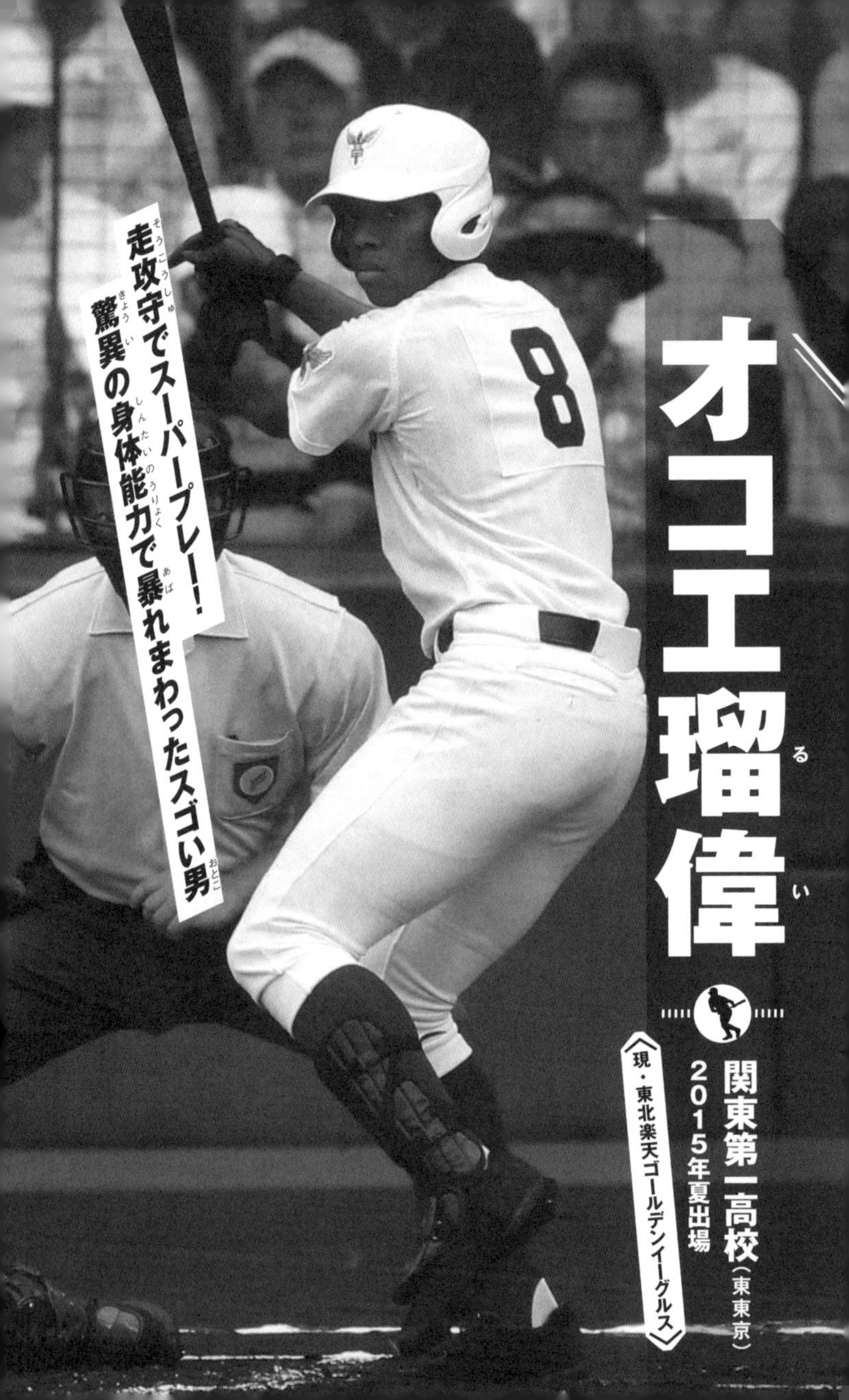

オコエ瑠《る》偉《い》

関東第一高校（東東京）
2015年夏出場
〈現・東北楽天ゴールデンイーグルス〉

走攻守《そうこうしゅ》でスーパープレー！
驚異《きょうい》の身体能力《しんたいのうりょく》で暴《あば》れまわったスゴい男《おとこ》

走攻守三拍子《そうこうしゅさんびょうし》そろった選手《せんしゅ》

走《はし》ってよし、打《う》ってよし、守《まも》ってよし。そんなバランスにすぐれた選手《せんしゅ》のことを「走攻守《そうこうしゅ》、三拍子《さんびょうし》そろった選手《せんしゅ》」と表現《ひょうげん》する。そして、「走攻守《そうこうしゅ》」すべてのプレーで甲子園《こうしえん》の観客《かんきゃく》を沸《わ》かせたのが関東一高《かんとういちこう》の俊足外野手《しゅんそくがいやしゅ》、オコエ瑠偉選手《るいせんしゅ》だ。とくに、自慢《じまん》の足《あし》は普通《ふつう》のセンター前《まえ》ヒットを「センター前《まえ》二塁打《るいだ》」にしてしまうほど、驚異的《きょういてき》なものだった。

難病《なんびょう》で野球《やきゅう》ができなかった1年間《ねんかん》

オコエ選手《せんしゅ》は東京都東村山市出身《とうきょうとひがしむらやまししゅっしん》。ナイジェリア人《じん》の父親《ちちおや》と、日本人《にほんじん》の母親《ははおや》の間《あいだ》に生《う》まれた。サッカーが好《す》きだった父親《ちちおや》が、当時《とうじ》、J《ジェイ》リーグで活躍《かつやく》していたラモス瑠偉選手《るいせんしゅ》（元《もと》日本代表《にほんだいひょう》）のようにサッカーが上手《じょうず》になって欲《ほ》しいと、「瑠偉《るい》」と名《な》づけたのだ。

そんな父親《ちちおや》のねがいは届《とど》かず、オコエ選手《せんしゅ》は野球《やきゅう》にのめりこんだ。母親《ははおや》の親戚《しんせき》に、プロ野球《やきゅう》のロッテでプレーする内竜也投手《うちたつやとうしゅ》がいたことも少《すく》なからず影響《えいきょう》したという。

抜群《ばつぐん》の運動神経《うんどうしんけい》を生《い》かして、すぐに注目《ちゅうもく》されるようになったオコエ選手《せんしゅ》。だが、中学《ちゅうがく》2

年《ねん》の春《はる》に突然《とつぜん》、「大腿骨頭《だいたいこっとう》すべり症《しょう》」という難病《なんびょう》にかかってしまう。あまりの痛《いた》さで足《あし》をひきずり、歩《ある》くことも困難《こんなん》になった。手術《しゅじゅつ》で右足《みぎあし》にボルトを2本《ほん》いれ、そのボルトをとることができたのは1年後《ねんご》。この間《かん》、まったく野球《やきゅう》ができなかった。選手《せんしゅ》としてもっとものびざかりの時期《じき》を棒《ぼう》にふってしまったオコエ選手《せんしゅ》だったが、その分《ぶん》、以前《いぜん》にもまして野球《やきゅう》に真剣《しんけん》にとりくむようになったのだ。

くやしさが生《う》んだ「50メートル走《そう》5秒《びょう》96」の俊足《しゅんそく》

高校《こうこう》は東京《とうきょう》の強豪校《きょうごうこう》、関東一高《かんとういちこう》に進学《しんがく》。難病《なんびょう》も克服《こくふく》し、すっかり元気《げんき》になった体《からだ》でハツラツとプレーしたオコエ選手《せんしゅ》は、すぐにベンチメンバーいりを期待《きたい》される選手《せんしゅ》にまで成長《せいちょう》した。

ところが、2年春《ねんはる》のセンバツ大会《たいかい》では直前《ちょくぜん》でメンバーおち。甲子園《こうしえん》の土《つち》をふむことができず、アルプススタンドで応援《おうえん》しなければならなかった。

「いつか自分《じぶん》もこのグラウンドにたってやる」

スタンドでチームメイトを応援《おうえん》しながら、くやしさを噛《か》みしめていたオコエ選手《せんしゅ》。さらにやる気《き》にめざめたことで一気《いっき》に実力《じつりょく》をのばし、夏《なつ》の大会前《たいかいまえ》にはレギュラーの座《ざ》を獲得《かくとく》。2年夏《ねんなつ》、2年秋《ねんあき》の大会《たいかい》のどちらも甲子園出場《こうしえんしゅつじょう》には届《とど》かなかったが、オコエ選手自身《せんしゅじしん》は打《う》つほうでも守《まも》るほうでも、さらに技術《ぎじゅつ》をみがいていった。50メートル走《そう》6秒《びょう》2の自慢《じまん》の俊足《しゅんそく》は、3年《ねん》になると5秒《びょう》96にまでスピードアップしていた。

誰《だれ》もがおどろいた「センター前《まえ》二塁打《にるいだ》」

2015年夏《ねんなつ》。オコエ選手《せんしゅ》にとって、さいしょでさいごの甲子園出場《こうしえんしゅつじょう》をかけた戦《たたか》いが開《かい》幕《まく》。関東一高《かんとういちこう》は順調《じゅんちょう》に勝《か》ちすすみ、東東京大会《ひがしとうきょうたいかい》の決勝戦《けっしょうせん》に進出《しんしゅつ》した。甲子園《こうしえん》への切符《きっぷ》をかけたこの大一番《おおいちばん》で、オコエ選手《せんしゅ》は伝説《でんせつ》にのこるプレーを披露《ひろう》した。それが、**通常《つうじょう》のセンター前《まえ》ヒットで二塁《にるい》にまで到達《とうたつ》する「センター前《まえ》二塁打《にるいだ》」**だ。オコエ選手《せんしゅ》はこのとき、右打席《みぎだせき》から二塁《にるい》までの到達《とうたつ》タイムで7秒《びょう》53をマーク。プロの世界《せかい》でも8秒《びょう》をきれば俊足《しゅんそく》、といわれる中《なか》、驚異的《きょういてき》な数字《すうじ》をたたきだしていた。

オコエ選手《せんしゅ》はこのプレーも含《ふく》め、決勝戦《けっしょうせん》で3安打《あんだ》2盗塁《とうるい》と大暴《おおあば》れ。チームもその波《なみ》にのって14対《たい》2で快勝《かいしょう》。見事《みごと》に甲子園出場《こうしえんしゅつじょう》を勝《か》ちとったのだ。

２０１５年《ねん》、第《だい》97回夏《かいなつ》の甲子園大会《こうしえんたいかい》に出場《しゅつじょう》したオコエ選手《せんしゅ》。そのいきおいとスピードは、甲子園《こうしえん》の大舞台《おおぶたい》でもとまらなかった。

初戦《しょせん》の高岡商業戦《たかおかしょうぎょうせん》、さいしょの打席《だせき》が「一塁強襲《いちるいきょうしゅう》の二塁《るい》打《だ》」。打球《だきゅう》が一塁手《いちるいしゅ》にあたってファウルゾーンに転《ころ》がる間《あいだ》に、俊足《しゅんそく》を生《い》かして一気《いっき》に二塁《にるい》にまで進《すす》んだのだ。３回《かい》の攻撃《こうげき》では、高校野球《こうこうやきゅう》１００年《ねん》の歴史《れきし》で史上《しじょう》ふたり目《め》という「１イニングで２本《ほん》の三塁《るい》打《だ》」を記録《きろく》。これまた俊足《しゅんそく》のオコエ選手《せんしゅ》だからこそ生《う》まれた記録《きろく》だ。けっきょく、この試合《しあい》でオコエ選手《せんしゅ》は４打数《だすう》３安打《あんだ》４打点《だてん》。12対《たい》10と打《う》ちあいになったゲームの勝利《しょうり》に大《おお》きく貢献《こうけん》した。

甲子園《こうしえん》で披露《ひろう》した「走攻守《そうこうしゅ》」のスーパープレー

甲子園《こうしえん》でも、まずは自慢《じまん》の「走《そう》」を披露《ひろう》したオコエ選手《せんしゅ》。つぎの中京大中京戦《ちゅうきょうだいちゅうきょうせん》では「守《しゅ》」をアピールした。初回《しょかい》、２アウト満塁《まんるい》という大《だい》ピンチで打球《だきゅう》は左中間《さちゅうかん》へ。抜《ぬ》ければ３失点確実《しってんかくじつ》というこの打球《だきゅう》を、センターのオコエ選手《せんしゅ》が飛《と》びつくようにキャッチしたのだ。試合《しあい》は、１対《たい》０で勝利《しょうり》。オコエ選手《せんしゅ》のスーパープレーがなければ負《ま》けていたわけだ。

つづく準々決勝《じゅんじゅんけっしょう》、興南戦《こうなんせん》では「攻《こう》」の出番《でばん》だ。３対《たい》３でむかえた9回《かい》２アウト二塁《にるい》の場《ば》面《めん》で打席《だせき》にたったオコエ選手《せんしゅ》は、レフトスタンドにつきささるホームラン！　その裏《うら》の守《まも》りで1点《てん》を失《うしな》ったものの、5対《たい》4で勝利《しょうり》した関東一高《かんとういちこう》。またしても、オコエ選手《せんしゅ》のビッグプレーが勝利《しょうり》を呼《よ》びこんだのだ。

その後《ご》、関東一高《かんとういちこう》は準決勝《じゅんけっしょう》でこの大会《たいかい》で優勝《ゆうしょう》する東海大相模《とうかいだいさがみ》に敗《やぶ》れ、ベスト4という結《けっ》果《か》に終《お》わった。優勝《ゆうしょう》には届《とど》かなかったものの、オコエ選手《せんしゅ》は一気《いっき》にスター選手《せんしゅ》の仲間《なかま》いり。

秋《あき》のドラフト会議《かいぎ》で、プロ野球《やきゅう》の楽天《らくてん》から1位指名《いしめい》を受《う》けた。入団会見《にゅうだんかいけん》では**「トリプルスリー（3割《わり》、ホームラン30本《ぼん》、30盗塁《とうるい》）をねらえる選手《せんしゅ》になりたい」**と宣言《せんげん》したオコエ選《せん》手《しゅ》。「トリプルスリー（3＋3＋3）」の意味《いみ》をこめて背番号《せばんごう》は「9」になった。きびしい春季《しゅんき》キャンプも乗《の》りこえたオコエ選手《せんしゅ》は、その年《とし》の高卒《こうそつ》ルーキーではただひとりとなる「開幕《かいまく》1軍入《ぐんい》り」。背番号《せばんごう》「9」は、プロでもそのスピードをいかんなく発揮《はっき》するはずだ。

W《ダブル》エースで切磋琢磨《せっさたくま》！
夏決勝《なつけっしょう》の大舞台《おおぶたい》で真価《しんか》を発揮《はっき》した豪腕左腕《ごうわんさわん》

小《お》笠《がさ》原《わら》慎《しん》之《の》介《すけ》

東海大学付属相模高校（神奈川）
2014年夏
2015年夏出場
〈現・中日ドラゴンズ〉

「あいつがいたから、ここまでくることができた」 ライバルで、最高《さいこう》のチームメイト

ふたりのエースはおたがいをそうたたえあった。2015年《ねん》、夏《なつ》の甲子園《こうしえん》で優勝《ゆうしょう》した東海大相模高校《とうかいだいさがみこうこう》の「W《ダブル》エース」、左《ひだり》のエース・小笠原慎之介《おがさわらしんのすけ》投手《とうしゅ》と、右《みぎ》のエース・吉田凌《よしだりょう》投手《とうしゅ》のことだ。1年生《ねんせい》の春《はる》から注目《ちゅうもく》を集《あつ》めつづけたふたりの投手《とうしゅ》は、おたがいをライバルとしてみとめ、最高《さいこう》のチームメイトとして切磋琢磨《せっさたくま》したことで、日本一《にほんいち》の栄冠《えいかん》をつかみとったのだ。

近所《きんじょ》のお兄《にい》ちゃんはプロ野球選手《やきゅうせんしゅ》

小笠原投手《おがさわらとうしゅ》が野球《やきゅう》をはじめたのは小学校《しょうがっこう》1年《ねん》のとき。近所《きんじょ》の4つ上《うえ》の先輩《せんぱい》に、のちにプロ野球《やきゅう》で活躍《かつやく》する高橋周平選手《たかはししゅうへいせんしゅ》がいた。高橋選手《たかはしせんしゅ》と同《おな》じ小学校《しょうがっこう》・中学校《ちゅうがっこう》に通《かよ》い、ときには一緒《いっしょ》に公園《こうえん》で野球《やきゅう》をしながら腕《うで》をみがいていった。

2011年《ねん》、その高橋選手《たかはしせんしゅ》がドラフトで中日《ちゅうにち》から1位指名《いしめい》。激励会《げきれいかい》で花束《はなたば》を贈《おく》った小笠《おがさ》

原《わら》投手《とうしゅ》は「いつかは自分《じぶん》もプロになりたい」という思《おも》いを強《つよ》くしたという。その翌年《よくねん》、最《さい》速《そく》１３９キロのストレートを武器《ぶき》に、小笠原《おがさわら》投手《とうしゅ》はボーイズリーグで全国優勝《ぜんこくゆうしょう》を達成《たっせい》。全《ぜん》国《こく》の高校《こうこう》から誘《さそ》いを受《う》けた中《なか》、地元《じもと》の強豪校《きょうごうこう》、東海大相模《とうかいだいさがみ》に入学《にゅうがく》した。

入学後《にゅうがくご》、すぐにベンチメンバーに選《えら》ばれた小笠原投手《おがさわらとうしゅ》。でも、もうひとり1年生《ねんせい》でベンチメンバーに選《えら》ばれた投手《とうしゅ》がいた。それが、吉田凌投手《よしだりょうとうしゅ》だった。

大舞台《おおぶたい》で力《ちから》を発揮《はっき》する小笠原投手《おがさわらとうしゅ》

さきに全国《ぜんこく》に名《な》が知《し》れわたったのは吉田投手《よしだとうしゅ》だった。２０１３年夏《ねんなつ》、神奈川大会《かながわたいかい》を勝《か》ち抜《ぬ》く上《うえ》でぜったいにたおさなければいけない相手《あいて》、横浜《よこはま》との準決勝《じゅんけっしょう》。その大事《だいじ》な試合《しあい》の先《せん》発《ぱつ》に、1年生《ねんせい》の吉田投手《よしだとうしゅ》が抜擢《ばってき》されたのだ。試合《しあい》には負《ま》けたものの、この試合《しあい》で吉田投手《よしだとうしゅ》は最速《さいそく》１４９キロを記録《きろく》。将来《しょうらい》を大《おお》いに期待《きたい》された。

翌《よく》２０１４年《ねん》、２年夏《ねんなつ》の神奈川大会《かながわたいかい》の決勝《けっしょう》で、吉田投手《よしだとうしゅ》は神奈川記録《かながわきろく》となる1試合《しあい》20奪《だつ》三振《さんしん》を達成《たっせい》。チームの甲子園出場《こうしえんしゅつじょう》に大《おお》きく貢献《こうけん》した。

そんな吉田投手《よしだとうしゅ》の活躍《かつやく》が誰《だれ》よりもはげみになったのが小笠原投手《おがさわらとうしゅ》だ。ハートが強《つよ》く、大《おお》舞台《ぶたい》で力《ちから》を発揮《はっき》する小笠原投手《おがさわらとうしゅ》は、ここぞという場面《ばめん》でマウンドをまかされることが多《おお》かった。その象徴的《しょうちょうてき》な場面《ばめん》が、東海大相模《とうかいだいさがみ》が優勝《ゆうしょう》をきめる前日《ぜんじつ》、準決勝《じゅんけっしょう》の横浜《よこはま》との試合《しあい》だ。事実上《じじつじょう》の決勝戦《けっしょうせん》、といわれたこの戦《たたか》いは、9回表終了時点《かいおもてしゅうりょうじてん》で5対《たい》2と東海大相模《とうかいだいさがみ》がリードし、マウンドには吉田投手《よしだとうしゅ》。ところが、ねばる横浜《よこはま》に吉田投手《よしだとうしゅ》は連打《れんだ》をあびて1点《てん》を失《うしな》い、さらに暴投《ぼうとう》、フォアボールで2アウトながら満塁《まんるい》、一打同点《いちだどうてん》のピンチをむかえていた。

9回裏《かいうら》、2アウト満塁《まんるい》。スタンドの空気《くうき》は横浜《よこはま》ムード。そんな絶体絶命《ぜったいぜつめい》の場面《ばめん》でリリーフをまかされたのが小笠原投手《おがさわらとうしゅ》だ。ヒットはもちろん、フォアボールも暴投《ぼうとう》も許《ゆる》されないこの場面《ばめん》で、小笠原投手《おがさわらとうしゅ》は見事《みごと》につぎのバッターを打《う》ちとり、宿敵《しゅくてき》・横浜《よこはま》をたおしたのだ。

激戦区《げきせんく》・神奈川《かながわ》で脅威《きょうい》の防御率《ぼうぎょりつ》0.00

2014年夏《ねんなつ》、第《だい》96回夏《かいなつ》の甲子園大会《こうしえんたいかい》に出場《しゅつじょう》した東海大相模《とうかいだいさがみ》は、1回戦《かいせん》で先発《せんぱつ》した3年生投手《ねんせいとうしゅ》が打《う》たれてしまい、3対《たい》4で敗退《はいたい》。だが、この試合《しあい》でリリーフ登板《とうばん》した小笠原投手《おがさわらとうしゅ》と吉田投手《よしだとうしゅ》は、ふたりともほぼ完璧《かんぺき》な内容《ないよう》だった。

最上級生《さいじょうきゅうせい》になったふたり。エース番号《ばんごう》「1」をまかされたのは小笠原投手《おがさわらとうしゅ》だ。そして、エースの責任感《せきにんかん》からさらにきたえなおした小笠原投手《おがさわらとうしゅ》の下半身《かはんしん》は誰《だれ》よりも太《ふと》くなり、球速《きゅうそく》は吉田投手《よしだとうしゅ》よりも速《はや》い１５１キロに達《たっ》していた。一方《いっぽう》の吉田投手《よしだとうしゅ》は制球力《せいきゅうりょく》をみがき、安定《あんてい》感《かん》は以前《いぜん》よりもグッとましていた。

どの高校《こうこう》でもエースになれるふたりがいた東海大相模《とうかいだいさがみ》はやはり強《つよ》かった。夏《なつ》の神奈川大《かながわたい》会《かい》では小笠原投手《おがさわらとうしゅ》が４試合《しあい》を投《な》げて防御率《ぼうぎょりつ》はなんと０．００。吉田投手《よしだとうしゅ》は３試合《しあい》を投《な》げて１失点《しってん》のみ。激戦区《げきせんく》・神奈川《かながわ》でこの数字《すうじ》は脅威的《きょういてき》だ。決勝戦《けっしょうせん》はまたしても宿敵《しゅくてき》、横浜《よこはま》が相《あい》手《て》だったが、この試合《しあい》を小笠原投手《おがさわらとうしゅ》が完封勝利《かんぷうしょうり》。圧倒的《あっとうてき》な力《ちから》で甲子園出場《こうしえんしゅつじょう》を果《は》たしたのだ。

投打《とうだ》で活躍《かつやく》した「甲子園決勝《こうしえんけっしょう》」という大舞台《おおぶたい》

２０１５年《ねん》８月《がつ》。第《だい》97回夏《かいなつ》の甲子園大会《こうしえんたいかい》に出場《しゅつじょう》した東海大相模《とうかいだいさがみ》は、優勝候補《ゆうしょうこうほ》といわれていた。ここまでレベルの高《たか》い投手《とうしゅ》がふたり揃《そろ》ったチームはめずらしかったからだ。甲子園《こうしえん》では初戦《しょせん》と準々決勝《じゅんじゅんけっしょう》、準決勝《じゅんけっしょう》で吉田投手《よしだとうしゅ》が先発登板《せんぱつとうばん》し、小笠原投手《おがさわらとうしゅ》は３回戦《かいせん》で先発《せんぱつ》。先発《せんぱつ》しない試合《しあい》でもおたがいがリリーフでマウンドにあがり、Ｗ《ダブル》エースの力《ちから》で決勝戦《けっしょうせん》にすすんだ。

むかえた決勝戦《けっしょうせん》。この大一番《おおいちばん》の先発《せんぱつ》は、大舞台《おおぶたい》に強《つよ》い小笠原投手《おがさわらとうしゅ》だった。両《りょう》チームの打《う》ちあいとなった決勝戦《けっしょうせん》は、6対《たい》6の同点《どうてん》で最終回《さいしゅうかい》へ。9回表《かいおもて》、東海大相模《とうかいだいさがみ》の先頭打者《せんとうだしゃ》は小笠原選手《おがさわらせんしゅ》。フルスイングした打球《だきゅう》は、ライトスタンドへ飛《と》びこむ貴重《きちょう》な勝《か》ち越《こ》しホームランになった。大舞台《おおぶたい》での強《つよ》さが、バットでも発揮《はっき》されたのだ。東海大相模《とうかいだいさがみ》はその後《ご》もヒットをかさね、10対《たい》6と4点《てん》をリードし、小笠原投手《おがさわらとうしゅ》がさいごのマウンドへ。小笠原投手《おがさわらとうしゅ》は9回裏《かいうら》を見事《みごと》に三者凡退《さんしゃぼんたい》に打《う》ちとり、東海大相模《とうかいだいさがみ》が全国制覇《ぜんこくせいは》を達成《たっせい》した。

優勝《ゆうしょう》から2ケ月後《げつご》のドラフト会議《かいぎ》。小笠原投手《おがさわらとうしゅ》は偶然《ぐうぜん》にも、先輩《せんぱい》・高橋周平選手《たかはししゅうへいせんしゅ》のいるセ・リーグの中日《ちゅうにち》に指名《しめい》された。一方《いっぽう》、吉田投手《よしだとうしゅ》が指名《しめい》されたのはパ・リーグのオリックスだ。チームも、リーグも分《わ》かれたW《ダブル》エース。これまでのように、おたがいがささえあうことはもうできない。代《か》わりに、**「いつか、日本《にほん》シリーズをふたりで投《な》げあいたい」**というあらたな夢《ゆめ》が生《う》まれた。今度《こんど》は、ひとりのエースとして。

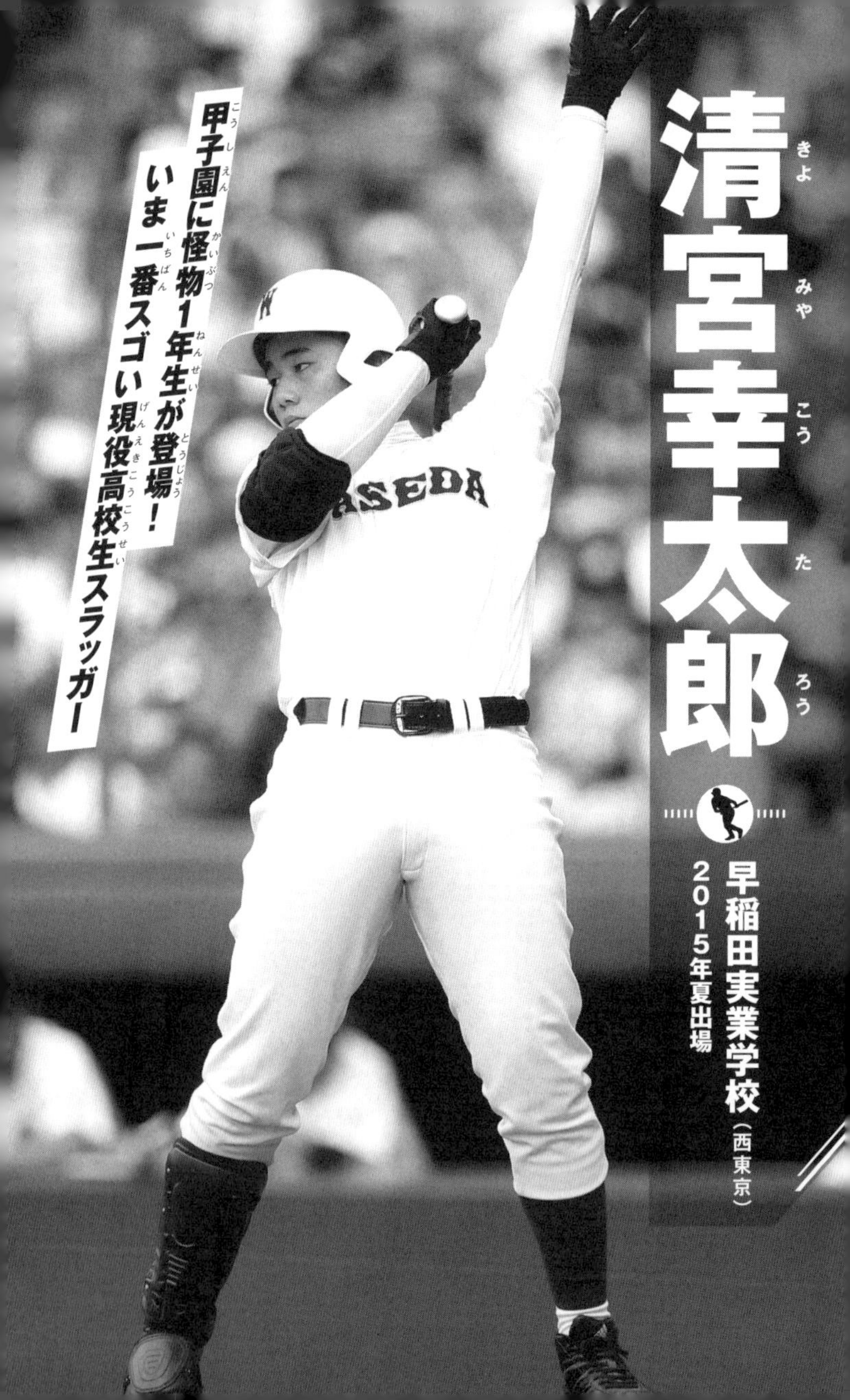

清《きよ》宮《みや》幸《こう》太《た》郎《ろう》

早稲田実業学校（西東京）
2015年夏出場

甲子園《こうしえん》に怪物《かいぶつ》1年生《ねんせい》が登場《とうじょう》！
いま一番《いちばん》スゴい現役《げんえき》高校生《こうこうせい》スラッガー

「野球《やきゅう》ってすごい」と感動《かんどう》した小学《しょうがく》1年生《ねんせい》

伝説《でんせつ》の試合《しあい》が、伝説《でんせつ》の球児《きゅうじ》を生《う》んだ。

2006年《ねん》、夏《なつ》の甲子園大会決勝戦《こうしえんたいかいけっしょうせん》は早稲田実業《わせだじつぎょう》の斎藤佑樹投手《さいとうゆうきとうしゅ》（現《げん》・日本《にっぽん》ハム）と駒大苫小牧《こまだいとまこまい》の田中将大投手《たなかまさひろとうしゅ》（現《げん》・ヤンキース）による投《な》げあいで、延長《えんちょう》15回《かい》引《ひ》き分《わ》け。翌日《よくじつ》におこなわれた再試合《さいしあい》で、早稲田実業《わせだじつぎょう》が夏《なつ》の甲子園初優勝《こうしえんはつゆうしょう》を達成《たっせい》した。

この決勝再試合《けっしょうさいしあい》を甲子園《こうしえん》のスタンドで見《み》ていたのが、当時小学《とうじしょうがく》1年生《ねんせい》だった清宮幸太郎《きよみやこうたろう》選手《せんしゅ》だ。「野球《やきゅう》ってすごい」。清宮少年《きよみやしょうねん》は、野球《やきゅう》のすばらしさに素直《すなお》に感動《かんどう》した。

それから9年後《ねんご》、高校《こうこう》1年生《ねんせい》になった清宮選手《きよみやせんしゅ》はあこがれの早稲田実業《わせだじつぎょう》のユニフォームをまとい、甲子園《こうしえん》で大活躍《だいかつやく》をした。スーパー1年生《ねんせい》の誕生《たんじょう》に、誰《だれ》もが「清宮《きよみや》ってすごい」と感動《かんどう》したのだ。

「和製《わせい》ベーブ」と呼《よ》ばれて

清宮選手《きよみやせんしゅ》は1999年生《ねんう》まれ。父親《ちちおや》は、選手《せんしゅ》と監督《かんとく》の両方《りょうほう》で日本《にほん》ラグビー界《かい》のスーパースターになった清宮克幸《きよみやかつゆき》さんだ。ラガーマンである父親《ちちおや》ゆずりの大《おお》きな体《からだ》で生《う》まれた（体《たい》重《じゅう》３８００グラム）清宮選手《きよみやせんしゅ》は、幼稚園《ようちえん》のころから自然《しぜん》とラグビーに親《した》しんでいた。

そんな清宮少年《きよみやしょうねん》が、甲子園《こうしえん》での早稲田実業《わせだじつぎょう》の試合《しあい》を見《み》たことで野球《やきゅう》にのめりこむようになった。小学《しょうがく》2年《ねん》で野球《やきゅう》チームに入《はい》り、小学《しょうがく》4年《ねん》になるとラグビーをやめ、野球一本《やきゅういっぽん》にしぼってリトルリーグに入団《にゅうだん》した。

２０１２年《ねん》、中学《ちゅうがく》1年《ねん》になった清宮選手《きよみやせんしゅ》はリトル世界大会《せかいたいかい》に出場《しゅつじょう》。当時《とうじ》すでに１８３センチ、94キロあった体格《たいかく》を生《い》かし、投《な》げては最速《さいそく》１３０キロ。打《う》っては特大《とくだい》ホームランでチームを世界一《せかいいち》に導《みちび》いた。メジャーリーグの歴史的大打者《れきしてきだいだしゃ》、ベーブ・ルースを思《おも》わせる体《たい》格《かく》と打球《だきゅう》のすごさから、「和製《わせい》ベーブ」とアメリカ人《じん》が呼《よ》ぶほどの大活躍《だいかつやく》だった。

球場《きゅうじょう》を満員《まんいん》にするスーパー1年生《ねんせい》

中学時代《ちゅうがくじだい》から「和製《わせい》ベーブ」「怪物《かいぶつ》」と呼《よ》ばれていた清宮選手《きよみやせんしゅ》は、あこがれの早稲田実《わせだじつ》業《ぎょう》に進学《しんがく》。高校《こうこう》でもすぐにその怪物《かいぶつ》ぶりを発揮《はっき》した。

入学後《にゅうがくご》、すぐの公式戦《こうしきせん》に「3番《ばん》・一塁手《るいしゅ》」で先発出場《せんぱつしゅつじょう》すると、デビュー戦《せん》でいきなり決《けつ》勝打《しょうだ》。２試合目《しあいめ》には３本《ぼん》のヒットをはなつ猛打賞《もうだしょう》。そして３試合目《しあいめ》には高校初《こうこうはつ》ホームランを記録《きろく》。その活躍《かつやく》がスポーツ新聞《しんぶん》の一面《めん》で大《おお》きくとりあげられると、甲子園出場《こうしえんしゅつじょう》もかかっていない春《はる》の地区大会《ちくたいかい》にもかかわらず、「スーパー1年生《ねんせい》」清宮選手《きよみやせんしゅ》をひと目見《めみ》ようと、球場《きゅうじょう》に、たくさんの観客《かんきゃく》が詰《つ》めかけるようになったのだ。

「高校野球《こうこうやきゅう》１００年《ねん》」と早稲田実業《わせだじつぎょう》

２０１５年《ねん》、この年《とし》の夏《なつ》の甲子園《こうしえん》は早稲田実業《わせだじつぎょう》にとって特別《とくべつ》な意味《いみ》があった。夏《なつ》の全国《ぜんこく》大会《たいかい》の第《だい》1回大会《かいたいかい》がはじまったのが１９１５年《ねん》。つまり、２０１５年《ねん》は大会創設《たいかいそうせつ》１００年《ねん》のメモリアルイヤーにあたる。そしてこの「高校野球《こうこうやきゅう》１００年《ねん》」を記念《きねん》して、第《だい》1回大会《かいたいかい》の出場《しゅつじょう》10チームの代表者《だいひょうしゃ》が開会式《かいかいしき》で入場行進《にゅうじょうこうしん》をすることになっていた。早稲田実業《わせだじつぎょう》は、その栄《は》えある10チームの中《なか》のひとつだった。

また、甲子園開会式直後《こうしえんかいかいしきちょくご》の試合《しあい》では、早稲田実業《わせだじつぎょう》のＯＢ《オービー》でホームラン世界記録《せかいきろく》を持《も》つ野《や》球界《きゅうかい》の超《ちょう》スーパースター、王貞治《おうさだはる》さん（元《もと》・巨人《きょじん》）が始球式《しきゅうしき》をおこなうことも発表《はっぴょう》された。

「試合《しあい》もしないのに、入場行進《にゅうじょうこうしん》だけしにいくわけにはいかない。先輩《せんぱい》の王《おう》さんが甲子園《こうしえん》で投《な》げるのに、後輩《こうはい》の僕《ぼく》らが甲子園《こうしえん》にいないわけにはいかない」

並々《なみなみ》ならぬ決意《けつい》で甲子園《こうしえん》をめざしていた早稲田実業《わせだじつぎょう》。だが、戦前《せんぜん》の予想《よそう》では、けっして優勝候補《ゆうしょうこうほ》にはあげられていなかった。甲子園《こうしえん》にでられるかどうかは新戦力《しんせんりょく》、つまり、1年生《ねんせい》の清宮選手《きよみやせんしゅ》の活躍《かつやく》にかかっているといってもよかった。清宮選手《きよみやせんしゅ》の挑戦《ちょうせん》がはじまった。

決勝戦《けっしょうせん》での奇跡的《きせきてき》な逆転劇《ぎゃくてんげき》

甲子園出場《こうしえんしゅつじょう》をかけた西東京大会《にしとうきょうたいかい》。初戦《しょせん》から清宮選手《きよみやせんしゅ》は1安打《あんだ》1打点《だてん》で結果《けっか》をのこした。つづく試合《しあい》は2安打《あんだ》3打点《だてん》。そのつぎの試合《しあい》では4安打《あんだ》3打点《だてん》の大暴《おおあば》れ。準々決勝《じゅんじゅんけっしょう》でも1安打《あんだ》と2つのデッドボールで勝利《しょうり》に貢献《こうけん》。こうして早稲田実業《わせだじつぎょう》は準決勝《じゅんけっしょう》に駒《こま》をすすめた。

準決勝《じゅんけっしょう》の相手《あいて》は優勝候補《ゆうしょうこうほ》日大三高《にちだいさんこう》。この試合《しあい》で清宮選手《きよみやせんしゅ》は2点《てん》タイムリーヒットをはなち、その2点《てん》を守《まも》って2対《たい》0で勝利《しょうり》。決勝戦《けっしょうせん》に進出《しんしゅつ》した。

むかえた決勝戦《けっしょうせん》。相手《あいて》はその年《とし》の春《はる》のセンバツ大会《たいかい》にも出場《しゅつじょう》していた優勝候補《ゆうしょうこうほ》、東海大《とうかいだい》菅生《すがお》だ。試合《しあい》は7回《かい》まで東海大菅生《とうかいだいすがお》ペースですすみ、0対《たい》5。早稲田実業《わせだじつぎょう》は追《お》いこまれていた。ところが、8回表《かいおもて》にドラマが待《ま》っていた。早稲田実業《わせだじつぎょう》はヒットとフォアボールをかさねて猛反撃《もうはんげき》。一気《いっき》に5対《たい》6と試合《しあい》をひっくりかえすと、なおも満塁《まんるい》のチャンスで打席《だせき》には清宮選手《きよみやせんしゅ》。清宮選手《きよみやせんしゅ》は期待《きたい》にこたえ、タイムリーヒットをはなってダメ押《お》し点《てん》をうばったのだ。こうして、奇跡的《きせきてき》な大逆転劇《だいぎゃくてんげき》で、早稲田実業《わせだじつぎょう》は甲子園出場《こうしえんしゅつじょう》をきめた。

甲子園《こうしえん》で起《お》きた「清宮《きよみや》フィーバー」

2015年《ねん》8月《がつ》。王貞治《おうさだはる》さんの始球式《しきゅうしき》で、「高校野球《こうこうやきゅう》100年《ねん》」の記念《きねん》すべき甲子園大会《こうしえんたいかい》がスタート。西東京大会《にしとうきょうたいかい》で20打数《だすう》10安打《あんだ》10打点《だてん》、打率《だりつ》5割《わり》と打《う》ちまくった清宮選手《きよみやせんしゅ》の打撃力《だげきりょく》は甲子園《こうしえん》でも変《か》わらなかった。初戦《しょせん》から1安打《あんだ》1打点《だてん》で結果《けっか》をだすと、2回戦《かいせん》では先制《せんせい》のタイムリーヒットを含《ふく》む2安打《あんだ》1打点《だてん》。7対《たい》6での勝利《しょうり》に大《おお》きく貢献《こうけん》した。

そして3回戦《かいせん》。1対《たい》1でむかえた3回表《かいおもて》、ランナー一塁《いちるい》の場面《ばめん》で清宮選手《きよみやせんしゅ》はフルスイング！　打球《だきゅう》はライトスタンドへつきささるホームラン。ついに出《で》た、甲子園第《こうしえんだい》1号《ごう》だった。この試合《しあい》、6回《かい》にも2アウト満塁《まんるい》の場面《ばめん》で走者全員《そうしゃぜんいん》をかえす二塁《るい》打《だ》をはなち、8回《かい》にも二塁打《るいだ》。計《けい》3安打《あんだ》5打点《だてん》の大活躍《だいかつやく》を見《み》せ、満員《まんいん》のファンを大《おお》いによろこばせた。

つづく準々決勝《じゅんじゅんけっしょう》でも、清宮選手《きよみやせんしゅ》の爆発《ばくはつ》はとまらなかった。今度《こんど》は〝弾丸《だんがん》ライナー〟でスタンドに飛《と》びこむホームランを打《う》つなど、この試合《しあい》も2安打《あんだ》1打点《だてん》の大活躍《だいかつやく》。しかも、1年生《ねんせい》の甲子園《こうしえん》2ホーマーは1983年《ねん》のPL《ピーエル》学園《がくえん》、桑田真澄《くわたますみ》選手《せんしゅ》（元《もと》・巨人《きょじん》ほか）以来史《いらいし》上《じょう》ふたり目《め》。2試合連発《しあいれんぱつ》は史上初《しじょうはつ》の快挙《かいきょ》だった。こうして、早稲田実業《わせだじつぎょう》は準決勝《じゅんけっしょう》に進出《しんしゅつ》。甲子園球場《こうしえんきゅうじょう》は清宮選手《きよみやせんしゅ》を見《み》ようと連日《れんじつ》の超満員《ちょうまんいん》。甲子園《こうしえん》に「清宮《きよみや》フィーバー」が起《お》きていた。

めざすは、世界一《せかいいち》

早稲田実業《わせだじつぎょう》にとって、あの2006年《ねん》以来《いらい》の全国制覇《ぜんこくせいは》まで、あと2勝《しょう》。だが、準決勝《じゅんけっしょう》の仙台育英戦《せんだいいくえいせん》、清宮選手《きよみやせんしゅ》のバットからヒットは出《で》たものの、これまで毎試合《まいしあい》記録《きろく》してきた打点《だてん》はゼロ。試合《しあい》にも0対《たい》7で敗《やぶ》れてしまう。試合後《しあいご》、通常負《つうじょうま》けたチームは、記念《きねん》に甲子園《こうしえん》の砂《すな》を持《も》ち帰《かえ》る習慣《しゅうかん》があるのだが、清宮選手《きよみやせんしゅ》は「ぜったいもどってくるんで、砂《すな》は持《も》ち帰《かえ》りません」とコメント。来年以降《らいねんいこう》の雪辱《せつじょく》を誓《ちか》った。

ただ、清宮選手《きよみやせんしゅ》の「甲子園《こうしえん》の夏《なつ》」はまだ終《お》わっていなかった。18歳以下《さいいか》の日本代表《にほんだいひょう》チームに選《えら》ばれ、甲子園《こうしえん》で開催《かいさい》される世界大会《せかいたいかい》に出場《しゅつじょう》することになったからだ。しかも清宮選《きよみやせん》手《しゅ》は、唯一《ゆいいつ》の1年生選手《ねんせいせんしゅ》にもかかわらず、日本代表《にほんだいひょう》の4番《ばん》に抜擢《ばってき》された。

世界大会《せかいたいかい》でも、清宮選手《きよみやせんしゅ》は先輩《せんぱい》たちに気後《きおく》れすることなく、4番《ばん》の大役《たいやく》をつとめあげた。だが、日本代表《にほんだいひょう》は決勝《けっしょう》でアメリカに敗《やぶ》れ、準優勝《じゅんゆうしょう》。世界一《せかいいち》にはあと一歩《いっぽ》届《とど》かなかった。つぎの世界大会《せかいたいかい》は2年後《ねんご》の２０１７年《ねん》。清宮選手《きよみやせんしゅ》が高校《こうこう》3年《ねん》になるときだ。清宮選手《きよみやせんしゅ》は、**「つぎの大会《たいかい》でも代表《だいひょう》に呼《よ》んでもらえるよう、これからの試合《しあい》でしっかり成績《せいせき》をのこし、もう一度《いちど》、世界一《せかいいち》をねらいたいです」**と力強《ちからづよ》いコメントをのこした。

ふたたび、甲子園大会《こうしえんたいかい》に出場《しゅつじょう》するため。そして、世界一《せかいいち》になるため。清宮選手《きよみやせんしゅ》はこれからもバットをふりつづけ、結果《けっか》をのこしつづけるはずだ。清宮伝説《きよみやでんせつ》は、未来《みらい》へとつづく。

1915年の夏から始まった全国大会。100年の激戦で達成されたスーパースターの大記録を紹介しよう。

1試合での記録

最多奪三振

選手名	校名	奪三振数	年
松井裕樹	桐光学園(神奈川)	22個	2012年夏

※松井裕樹は同試合で連続10奪三振の記録も達成。
※参考記録 徳島商(徳島)・板東英二は延長18回で25奪三振(1958年夏)

最多ホームラン

選手名	校名	ホームラン数	年
清原和博	PL学園(大阪)	3本	1984年夏
平田良介	大阪桐蔭(大阪)	3本	2005年夏

最多安打

選手名	校名	安打数	年
笹岡伸好	PL学園(大阪)	6安打	1985年夏
松島侑也	日大三高(西東京)	6安打	2004年夏

最多打点

選手名	校名	打点数	年
須田努	常総学院(茨城)	8打点	1988年夏
筒香嘉智	横浜(神奈川)	8打点	2008年夏

甲子園なんでも個人記録！

KOSHIEN PERSONAL RECORD!

甲子園通算記録

甲子園通算最多勝利記録

選手名	校名	勝利数	年（出場回数）
桑田真澄	PL学園（大阪）	20勝（3敗）	1983年夏 1984年春夏 1985年春夏(5回)

※出場ルールの違う戦前の記録はのぞく

甲子園通算最多ホームラン記録

選手名	校名	ホームラン数（試合数）	年（出場回数）
清原和博	PL学園（大阪）	13本（26試合）	1983年夏 1984年春夏 1985年春夏(5回)

連続無失点イニング

選手名	校名	投球回数（試合数）	年
嶋清一	海草中（和歌山）	45回（5試合）	1939年夏
福嶋一雄	小倉（福岡）	45回（5試合）	1948年夏

甲子園スピードガン表示

選手名	校名	スピード	年
佐藤由規	仙台育英（宮城）	155キロ	2007年夏
安楽智大	済美（愛媛）	155キロ	2013年夏

その他の記録

完全試合を達成した投手

選手名	校名	年
松本稔	前橋（群馬）	1978年春
中野真博	金沢（石川）	1994年春

サヨナラ満塁ホームランを打ったバッター

選手名	校名	年
長崎誠	横浜（神奈川）	1973年春
川端正	大鉄（大阪）	1977年夏

サヨナラホームスチールをきめたランナー

選手名	校名	年
吉田和幸	報徳学園（兵庫）	1967年夏

サヨナラボークで敗戦した投手

選手名	校名	年
藤田修平	宇部商（山口）	1998年夏

1試合で最も多く敬遠されたバッター

選手名	校名	敬遠数	年
松井秀喜	星稜（石川）	5敬遠	1992年夏

1大会での記録

最多奪三振

選手名	校名	奪三振数(試合数)	年
板東英二	徳島商(徳島)	83個(6試合)	1958年夏

※延長戦(18回)を1試合、引き分け再試合を1試合含む
※センバツ大会歴代1位は作新学院(栃木)・江川卓の60奪三振(1973年春/4試合)

最多投球イニング数

選手名	校名	投球回数(試合数)	年
斎藤佑樹	早稲田実業(西東京)	69回(7試合)	2006年夏

最多ホームラン

選手名	校名	ホームラン数(試合数)	年
清原和博	PL学園(大阪)	5本(5試合)	1985年夏

最多安打

選手名	校名	安打数(試合数)	年
水口栄二	松山商(愛媛)	19安打(6試合)	1986年夏

最多打点

選手名	校名	打点数(試合数)	年
萩原圭悟	大阪桐蔭(大阪)	15打点(6試合)	2008年夏

※記録は2016年7月現在のもの

＜写真提供＞
日刊スポーツ

＜参考文献＞
『エースの覚悟』（前田健太・著／光文社）
『打てるもんなら打ってみろ！』（中村計・著／講談社）
『きみは怪物を見たか』（中村計・著／講談社）
『甲子園100年物語』（日刊スポーツ新聞社・編／日刊スポーツ出版社）
『白球と宿命』（矢崎良一・監修／日刊スポーツ出版社）
『横浜高校野球部　白球の軌跡』（ベースボール・マガジン社）
『大阪桐蔭高校野球部　最強新伝説』（ベースボール・マガジン社）
『甲子園「観戦力」をツーレツに高める本』（小野塚康之・著／中央公論新社）
『野球小僧』『中学野球小僧』（白夜書房）
『野球太郎』『中学野球太郎』（廣済堂出版）
『Sports Graphic Number』（文藝春秋）
『高校野球100年の物語』（文藝春秋）
『DVD映像で蘇る高校野球不滅の名勝負』（ベースボール・マガジン社）

＜参考新聞＞
朝日新聞／毎日新聞／日刊スポーツ／スポーツニッポン

＜参考ウェブサイト＞
Number Web／web Sportiva／朝日新聞デジタル／毎日新聞
nikkansports.com／Sponichi Annex／高校野球ドットコム

集英社みらい文庫

甲子園スーパースター列伝

オグマナオト　著
『野球太郎』編集部　編

ファンレターのあて先
〒101-8050　東京都千代田区一ツ橋2-5-10　集英社みらい文庫編集部
いただいたお便りは編集部から先生におわたしいたします。

2016年7月27日　第1刷発行
2018年6月6日　第5刷発行

発行者　北畠輝幸
発行所　株式会社 集英社
〒101-8050　東京都千代田区一ツ橋2-5-10
電話　編集部 03-3230-6246
読者係 03-3230-6080
販売部 03-3230-6393（書店専用）
http://miraibunko.jp
装丁　片渕涼太（ma-h gra）　中島由佳理
編集協力　山本貴政（ヤマモトカウンシル）
印刷　図書印刷株式会社　凸版印刷株式会社
製本　図書印刷株式会社

★本書の内容は2016年7月現在のものです。
ISBN978-4-08-321330-4　C8275　N.D.C.913　188P　18cm

「みらい文庫《ぶんこ》」読者《どくしゃ》のみなさんへ

言葉《ことば》を学《まな》ぶ、感性《かんせい》を磨《みが》く、創造力《そうぞうりょく》を育《はぐく》む……、読書《どくしょ》は「人間力《にんげんりょく》」を高《たか》めるために欠《か》かせません。

たった一枚《いちまい》のページをめくる向《む》こう側《がわ》に、未知《みち》の世界《せかい》、ドキドキのみらいが無限《むげん》に広《ひろ》がっている。

これこそが「本《ほん》」だけが持《も》っているパワーです。

学校《がっこう》の朝《あさ》の読書《どくしょ》に、休《やす》み時間《じかん》に、放課後《ほうかご》に……。いつでも、どこでも、すぐに続《つづ》きを読《よ》みたくなるような、魅力《みりょく》に溢《あふ》れる本《ほん》をたくさん揃《そろ》えていきたい。読書《どくしょ》がくれる、心《こころ》がきらきらしたり胸《むね》がきゅんとする瞬間《しゅんかん》を体験《たいけん》してほしい、楽《たの》しんでほしい。みらいの日本《にほん》、そして世界《せかい》を担《にな》うみなさんが、やがて大人《おとな》になった時《とき》、「読書《どくしょ》の魅力《みりょく》を初《はじ》めて知《し》った本《ほん》」「自分《じぶん》のおこづかいで初《はじ》めて買《か》った一冊《いっさつ》」と思《おも》い出《だ》してくれるような作品《さくひん》を一所懸命《いっしょけんめい》、大切《たいせつ》に創《つく》っていきたい。

そんないっぱいの想《おも》いを込《こ》めながら、作家《さっか》の先生方《せんせいがた》と一緒《いっしょ》に、私《わたし》たちは素敵《すてき》な本作《ほんづく》りを続《つづ》けていきます。「みらい文庫《ぶんこ》」は、無限《むげん》の宇宙《うちゅう》に浮《う》かぶ星《ほし》のように、夢《ゆめ》をたたえ輝《かがや》きながら、次々《つぎつぎ》と新《あたら》しく生《う》まれ続《つづ》けます。

本《ほん》を持《も》つ、その手《て》の中《なか》に、ドキドキするみらい——。

本《ほん》の宇宙《うちゅう》から、自分《じぶん》だけの健《すこ》やかな空想力《くうそうりょく》を育《そだ》て、〝みらいの星《ほし》〟をたくさん見《み》つけてください。

そして、大切《たいせつ》なこと、大切《たいせつ》な人《ひと》をきちんと守《まも》る、強《つよ》くて、やさしい大人《おとな》になってくれることを心《こころ》から願《ねが》っています。

2011年《ねん》　春《はる》

集英社《しゅうえいしゃ》みらい文庫編集部《ぶんこへんしゅうぶ》